学校では教えてくれない
ピカピカ
自分みがき術

もうふりまわされない!

怒《いか》り・イライラ

監修●名越康文

日本図書センター

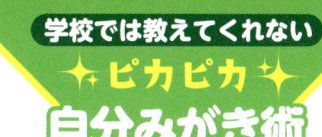

みんな、こんにちは！……あれ？
4人《にん》とも、怒《おこ》ったり、イライラしたりしているね。
こころのなかから、
なにかモヤモヤしたものが出《で》てきたよ。

あまり自分《じぶん》の意見《いけん》をいわない女《おんな》の子《こ》。怒《おこ》ると泣《な》いてしまうことが多《おお》いよ。

明《あか》るくてすなおな男《おとこ》の子《こ》。でも、怒《おこ》るとものにやつあたりしたり、けんかしてしまったりするんだ。

ジメオくん

バイオリンと卓球《たっきゅう》が得意《とくい》な男《おとこ》の子《こ》。怒《いか》りをためこんで、いつも皮肉《ひにく》をいってしまうよ。

キレミちゃん

プリンセスにあこがれる、元気《げんき》いっぱいの女《おんな》の子《こ》。怒《おこ》ると大《おお》きな声《こえ》で相手《あいて》をせめてしまうみたい。

うわっ！　びっくりした！
みんなのこころのなかの
怒《いか》りやイライラが
オニみたいな姿《すがた》になってあらわれたよ。

このオニみたいな子《こ》の名前《なまえ》は、
アンガーくん。
「怒《いか》り」という意味《いみ》だよ。

アンガーくんが赤《あか》いのは、
みんながイライラして怒《おこ》っているから。
むだなエネルギーを使《つか》ってしまったり、
友《とも》だちとけんかしてしまったり、
あまりいいことがないみたいだよ。

おやっ？　みんなが怒《おこ》っていないときは、
アンガーくんは青《あお》いんだね。
みんなも、アンガーくんも、
にこやかで楽《たの》しそう！

どうやらアンガーくんも、
赤《あか》くなって怒《おこ》るのは、いやみたい。
なんとかして、
アンガーくんが青《あお》いままで
いられるようにしてあげたいね。
みんなだって、怒《いか》りやイライラは
少《すく》ないほうがいいよね。

ぼくが赤《あか》くならない
ようにして
おくれよ〜

うーん……
怒《いか》りって
がまんできるの？
怒《おこ》らないなんて
むりだよー
とっても
むずかしそう

じつは、怒《いか》りの感情《かんじょう》は
じょうずにつきあうことが
できるんだ。
でも、いったいどうやって？
これからみんなといっしょに
考《かんが》えていこう！

はじめに

友《とも》だちのなにげないひと言《こと》に、ものすごく怒《おこ》ってしまった。怒《おこ》っていることを相手《あいて》に伝《つた》えたいのに、なにもいえずだまってしまった。みなさんは、そんな経験《けいけん》がありませんか？　怒《いか》りは、自分《じぶん》のこころで感《かん》じているのに、目《め》に見《み》えなくて、いうことを聞《き》いてくれなくて、とりあつかいがむずかしいものです。なんとかならないものでしょうか。

この本《ほん》では、そんな怒《いか》りとじょうずにつきあう方法《ほうほう》を、みなさんにわかりやすくお伝《つた》えします。「じょうずにつきあう」とは、怒《いか》りをがまんするということではありません。なぜなら、怒《いか》りは悪《わる》いものでも、きけんなものでもないからです。どんな人《ひと》のこころにも生《う》まれる、とても自然《しぜん》でだいじな感情《かんじょう》です。だから、怒《いか》りを消《け》そうとがんばるのではなく、怒《いか》りとしっかり向《む》きあって、ふりまわされず、自分《じぶん》でコントロールできるようにしましょう。

じつは、怒《いか》りとじょうずにつきあうのがむずかしいのは、こどもだけではなく、おとなも同《おな》じです。もちろん、ぼくはみなさんより長《なが》く生《い》きているから、少《すこ》しはコツをつかんでいるけれど、まだ完《かん》ぺきではありません。だから、怒《いか》りにふりまわされない自分《じぶん》でいるためにはどうしたらよいか、みなさんといっしょに考《かんが》えていきたいと思《おも》います。

どうかみなさんがこの本《ほん》を通《つう》じて、怒《いか》りとじょうずにつきあう方法《ほうほう》を身《み》につけて、さわやかで明《あか》るく自分《じぶん》らしい毎日《まいにち》をすごせますように！

名越康文《なこしやすふみ》

もくじ

2章《しょう》 怒《おこ》ってしまったときどうする？

3章《しょう》 怒《おこ》りにくい自分《じぶん》になろう！

4章《しょう》 怒《いか》りをじょうずに伝《つた》えよう！

1章《しょう》
怒《いか》りってなに？

そもそも怒《いか》りってなんだろう？
どうしてこんなに
めんどうな感情《かんじょう》があるのかな？
じつはね、怒《いか》りって
きみを守《まも》るための感情《かんじょう》なんだよ。
まず１章《しょう》では、
怒《いか》りが生《う》まれるしくみを知《し》ろう！

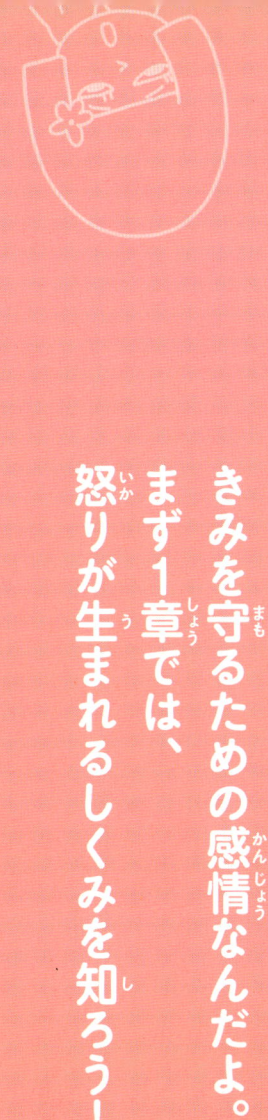

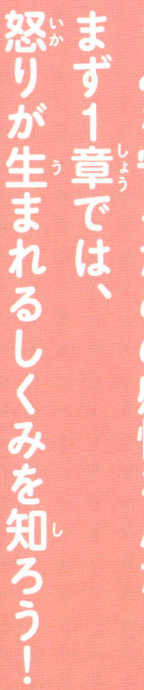

怒《おこ》るのは とても自然《しぜん》なこと

どうして人《ひと》は怒《おこ》ってしまうんだろう。怒《おこ》る気《き》もちがはじめからなければ、ずっと楽《たの》しくいられるのに。

でも、人《ひと》は怒《おこ》る生《い》きものなんだ。わくわくしたり、悲《かな》しくなったりするのと同《おな》じで、自然《しぜん》に生《う》まれる気《き》もちの1つだよ。どんなにがまんしても、怒《おこ》る気《き》もちはなくならないものなんだ。

それに、怒《おこ》るのは、悪《わる》いことばかりじゃないんだよ。

ゲキタくんのこころから、いろいろな感情《かんじょう》が生《う》まれてくるよ。怒《いか》りもそのうちの1つ。ほかの感情《かんじょう》と同《おな》じように、自《し》然《ぜん》でだいじなものなんだ。

動物《どうぶつ》も怒《おこ》るって本当《ほんとう》？

じつは、人《ひと》だけじゃなくて、動物《どうぶつ》も怒《おこ》るよ。たとえばシカは、自分《じぶん》のなわばりに入《はい》ってきたほかの動物《どうぶつ》を見《み》ると、怒《おこ》って追《お》い出《だ》そうとするんだ。なぜだと思《おも》う？　それは、なわ

ばりのなかに、自分《じぶん》が食《た》べるえさがあるからなんだ。

もしほかの動物《どうぶつ》に、なわばりに入《はい》ってこられたら、そのえさを食《た》べられてしまうよね。そうなると、そのシカは、えさが食《た》べられなくて死《し》んでしまうかもしれない。だから、シカは自分《じぶん》を守《まも》るために怒《おこ》るんだ。

怒《いか》りが守《まも》ってくれている

人《ひと》も同《おな》じだよ。たとえばきみが、だれかからなぐられそうになったら、「やめて！」って怒《おこ》るよね。それは、きみがなぐられないように、自分《じぶん》の身《み》を守《まも》るためなんだ。

また、だれかにからかわれたときにも、きみはきっと「ひどい！」って怒《おこ》るはず。それは、からかわれてきみのこころがきずつかないように、怒《いか》りが守《まも》ってくれているんだ。

つまり怒《いか》りは、自分《じぶん》の身《み》やこころを守《まも》るために、おこってくる感情《かんじょう》なんだね。

なんだこれ〜
おまえ、どけよ!!
カーッ

楽《たの》しくあそんでいた場所《ばしょ》を横取《よこど》りされてイライラ！

ムッ
へんな
かみがた〜
へへへ
ギュッ
キャ
キャ
アハハハ
キーッ
ポッン…

じまんのかみがたなのに、「へん」なんていわれたら、きずつくし、くやしい！

友《とも》だちがひそひそ話《ばなし》。「自分《じぶん》の悪口《わるぐち》かもしれない」って、不安《ふあん》になるよね。

たいせつにしているリボン。らんぼうに引《ひ》っぱられたら、ゆるせない！

いろんな気《き》もちが怒《いか》りのたねになる

きみは怒《おこ》ったとき、どんな気《き》もちだった？「そりゃあ、怒《おこ》ってムカムカしているに決《き》まってる！」と思《おも》うよね。でも、もうすこし深《ふか》く考《かんが》えてみよう。その奥《おく》に、もっとべつの気《き》もちが見《み》つからないかな？

ものすごく大《おお》きいねー！
あっ シロクマの親子《おやこ》！
なんで北極《ほっきょく》にはペンギンがいないの？

じつは怒《いか》りって、「くやしい」とか「残念《ざんねん》」とか、もともと怒《いか》りではない気《き》もちから、生《う》まれたものなんだよ。

ペンギンを見《み》るのを楽《たの》しみに、お父《とう》さんとお母《かあ》さんと北極《ほっきょく》まで旅行《りょこう》にやってきたキレミちゃん。でも、北極《ほっきょく》にはペンギンがいないことがわかって、がっかり！ とても楽《たの》しみにしていたから、悲《かな》しくて、くやしくて、怒《おこ》ってしまったよ。

気《き》もちの入《い》れものがいっぱいになると……

こころのなかに、いろんな気《き》もちをしまっておく入《い》れものがあると考《かんが》えてみよう。「うれしい」「楽《たの》しい」のようないい気《き》もちはもちろん、「悲《かな》しい」「心配《しんぱい》」のようないやな気《き》もちもしまっておくものだよ。

怒《いか》りは、この入《い》れものがいやな気《き》もちでいっぱいになって、あふれてしまったときに生《う》まれるんだ。

気《き》もちの1つ1つは小《ちい》さくても、それが集《あつ》まるとあふれてしまうから、気《き》をつけなくてはいけないよ。

それから、入《い》れものは人《ひと》によって

大《おお》きさがちがうということも、おぼえておこう。大《おお》きな入《い》れものに気《き》もちをたくさん入《い》れておける人《ひと》もいるし、入《い》れものが小《ちい》さくて、すぐにあふれてしまう人《ひと》もいるんだ。きみの入《い》れものは、どれくらいの大《おお》きさかな？

「基準《きじゅん》の自分《じぶん》」を知《し》ろう

気《き》もちの入《い》れものがからのとき、きみはどんなふう？　友《とも》だちと楽《たの》しくおしゃべりしているかな？　それとも、静《しず》かに本《ほん》を読《よ》んでいる？

その姿《すがた》が、きみの「基準《きじゅん》の自分《じぶん》」だよ。ときどき思《おも》い出《だ》して、基準《きじゅん》の自分《じぶん》にもどろう。

怒《いか》りのしくみはこうなっている

悪口《わるぐち》をいわれたせいで、ジメオくんはイライラしはじめてしまったよ。

同《おな》じことがおきても、人《ひと》によって、怒《おこ》ったり怒《おこ》らなかったりするよね。たとえば、悪口《わるぐち》をいわれた人《ひと》が2人《ふたり》いるとして、1人《ひとり》はプンプン怒《おこ》ってしまった。でも、もう1人《ひとり》はぜんぜん怒《おこ》らなかった。

どうしてこんなにちがいがあるんだろう?

怒《おこ》らない

いつもニコニコしているおだやかなホトケちゃんは、悪口《わるぐち》をいわれても怒《おこ》らなかったよ。

人《ひと》が怒《おこ》るまでの3ステップ

怒《おこ》った人《ひと》は、悪口《わるぐち》をいわれたことをどう考《かんが》えたんだろう。「ひどいな」「いやだな」と思《おも》ったかな。「みんなからきらわれるんじゃないか」って、不安《ふあん》になったかもしれないね。だから怒《おこ》ったんだ。

怒《おこ》らなかった人《ひと》は、「べつに悪口《わるぐち》をいわれたって気《き》にしない！」と受《う》け流《なが》すことができたみたいだよ。

2人《ふたり》とも、悪口《わるぐち》をいわれたということは同《おな》じだけど、受《う》け止《と》めかたのちがいで、そのあとの気《き》もちがずいぶん変《か》わってきたんだね。

ステップ1

なにかがおこる

ステップ2

どう受《う》け止《と》める？

「悪《わる》いことはしていないのに、ひどいなあ」「ぼくをバカにしてるんだな」と考《かんが》える。

人《ひと》にどういわれるかなんて、気《き》にしない。「べつにいいんじゃない？」と考《かんが》える。

ステップ3

怒《おこ》る？ 怒《おこ》らない？

怒《いか》りが生《う》まれるまで、３つのステップがあるんだ。２つ目《め》のステップで、おきたことについてどう考《かんが》えるかが、怒《おこ》るか怒《おこ》らないかの分《わ》かれ目《め》だよ。

怒《いか》りはこんな性《せい》質《しつ》！

怒《いか》りには4つの性《せい》質《しつ》があるよ。これらの性《せい》質《しつ》を知《し》って、怒《いか》りが生《う》まれそうになったときに、どう行《こう》動《どう》したらいいか、おぼえておこう。

怒《いか》りの性《せい》質《しつ》　その1

強《つよ》い人《ひと》から弱《よわ》い人《ひと》に流《なが》れる

自《じ》分《ぶん》より強《つよ》い人《ひと》から怒《いか》りをぶつけられると、「自《じ》分《ぶん》は悪《わる》くないのに」と思《おも》っても、いいかえしにくいものだよね。それで、たまったイライラを自《じ》分《ぶん》より弱《よわ》い人《ひと》にぶつけてしまう。こんなふうに、怒《いか》りは強《つよ》い人《ひと》から弱《よわ》い人《ひと》へ、流《なが》れていきやすいんだ。

自《じ》分《ぶん》より弱《よわ》い人《ひと》に怒《いか》りをぶつけるのはやめようね。

怒《いか》りの性質《せいしつ》　その２

炎《ほのお》のように燃《も》えうつる

　だれかが怒《おこ》っているのを見《み》ていたら、自分《じぶん》もイライラしてきてしまうことって、あるよね。怒《いか》りは炎《ほのお》のようにまわりの人《ひと》たちに燃《も》えうつりやすいんだ。

　だれかが怒《おこ》っていたら、自分《じぶん》に燃《も》えうつらないように気《き》をつけよう。自分《じぶん》の怒《いか》りをまわりにまきちらすのもよくないよ。

生《う》まれたと思《おも》ったら、あっという間《ま》に大《おお》きくなるところも、怒《いか》りは炎《ほのお》に似《に》ているね。

自分《じぶん》がだれかに怒《いか》りをぶつけると、知《し》らないうちに、もっと弱《よわ》い人《ひと》に怒《いか》りが流《なが》れていってしまうよ。

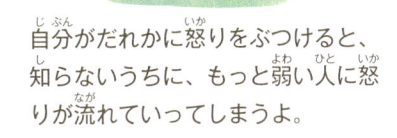

怒《いか》りの性質《せいしつ》　その３

相手《あいて》が身近《みぢか》だとよけいに大《おお》きくなる

　怒《いか》りは、相手《あいて》が身近《みぢか》な人《ひと》であればあるほど、強《つよ》くなってしまうよ。「説明《せつめい》しなくてもわかってくれるはず」とゆだんしてしまうから、よけいに怒《おこ》ってしまうんだ。

　でも本当《ほんとう》は、身近《みぢか》な人《ひと》ほど、きみにとってたいせつな人《ひと》だよね。むやみに怒《いか》りをぶつけて、関係《かんけい》をこわしてしまわないように、こころがけよう。

お母《かあ》さんに妹《いもうと》の名前《なまえ》で呼《よ》ばれたときには、強《つよ》く怒《おこ》ったキレミちゃん。でも、はじめて会《あ》った人《ひと》にまちがわれても、怒《いか》りはこみあげなかったよ。

怒《いか》りの性質《せいしつ》　その4

がんばるパワーになる

　きみは、ものごとが思《おも》うように運《はこ》ばなかったり、くやしい思《おも》いをしたりしたときに、「今度《こんど》こそ成功《せいこう》するぞ！」とか、「つぎは○○ちゃんに勝《か》つんだ！」とか、がんばった経験《けいけん》はないかな？

　そんなふうに、怒《いか》りはがんばるパワーになることもあるよ。怒《いか》りの性《せい》質《しつ》は悪《わる》いものばかりではないんだ。

怒《いか》りは、大《おお》きなエネルギーをもっているよ。うまく使《つか》うと、一気《いっき》に成長《せいちょう》できるんだ！

怒《いか》りを自分《じぶん》でコントロールしよう

泣《な》いているときに、だれかのひと言《こと》で笑顔《えがお》になれたり、友《とも》だちのちょっとしたふるまいで急《きゅう》に腹《はら》が立《た》ったり。気《き》もちって、いつも動《うご》いていて、とても気《き》まぐれだよね。とくに怒《いか》りの気《き》もちは、エネルギーが大《おお》きいから、気《き》づかないうちにふりまわされて、ヘトヘトになってしまう。

でも、あきらめるのはまだ早《はや》い！　怒《いか》りは自分《じぶん》でコントロールすることができるんだ。

それっ
えいっ
「怒《いか》りをコントロール」ってゲームみたいにできるの？
ピコッ
ピコッ

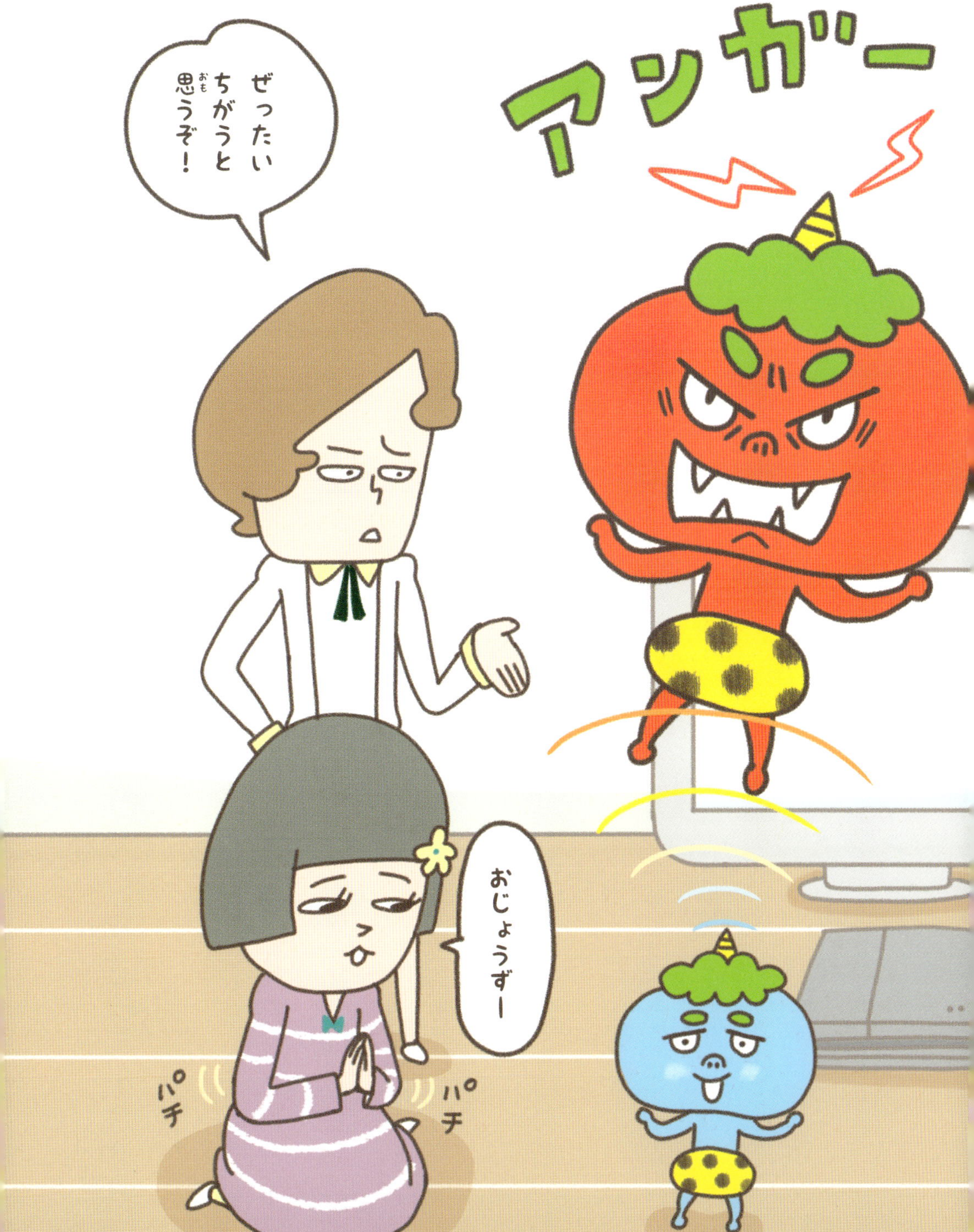
アンガー
ぜったいちがうと思《おも》うぞ！
おじょうずー
パチ
パチ

怒《いか》りと自分《じぶん》はべつもの

27ページで、気《き》もちの入《い》れものがからっぽのときの「基準《きじゅん》の自分《じぶん》」をイメージしたよね。

ところが、気《き》もちの入《い》れものがいっぱいになって、怒《いか》りが生《う》まれると、真《ま》っ赤《か》になったアンガーくんが、「基準《きじゅん》の自分《じぶん》」をあやつりはじめるんだ。

つまり、怒《いか》りと自分《じぶん》はべつのものだということだよ。

このことをこころにとめて、怒《いか》りをコントロールする方法《ほうほう》を学《まな》んでいこう！

2章《しょう》

怒《おこ》ってしまったときどうする？

「どうにかして、怒《いか》りをおさえたい！」

そんなときにおすすめの
怒《いか》りのコントロール方法《ほうほう》を
この章《しょう》で学《まな》ぼう！
その場《ば》ですぐにできるものから
1日《にち》かけてとりくむものまで
いろいろな方法《ほうほう》を紹介《しょうかい》するよ。
ぜひ自分《じぶん》に合《あ》うものを見《み》つけてね。

6までかぞえて怒《いか》りをしずめよう

アンガ〜!!
3
2
1
でも…がまん!
キィイイ
怒《おこ》ったぞっ!

怒《いか》りがこみあげてきたら「ひとつ、ふたつ、みっつ……」と、ゆっくり数《かず》をかぞえてみよう。こころのなかでかぞえても、声《こえ》に出《だ》していってもいいよ。するとふしぎなことに、「6」をすぎると、怒《いか》りがおさまってくるはず。

怒《おこ》ると、顔《かお》が赤《あか》くなったり、手《て》がふるえたりと、からだがどんどん興《こう》奮《ふん》していくよね。でも、6秒《びょう》をさかい目《め》に、その興奮《こうふん》がしずまっていくんだ。

怒《いか》りで自分《じぶん》を見失《みうしな》いそうになったら、この「6秒《びょう》カウント」で、からだが落《お》ちつくのを待《ま》とう。

「6秒《びょう》」にはわけがある

人《ひと》は怒《おこ》ると、からだのなかで「アドレナリン」という物質《ぶっしつ》が生《う》まれるんだ。怒《いか》りを感《かん》じたとき、からだが興奮《こうふん》するのもアドレナリンのせいだよ。

でも6秒《びょう》をすぎると、アドレナリンのはたらきはおさまるといわれているよ。だから、最初《さいしょ》の6秒間《びょうかん》をどうすごすかがとても重要《じゅうよう》なんだね。

アドレナリンはアンガーくんを赤《あか》くさせてしまうのね

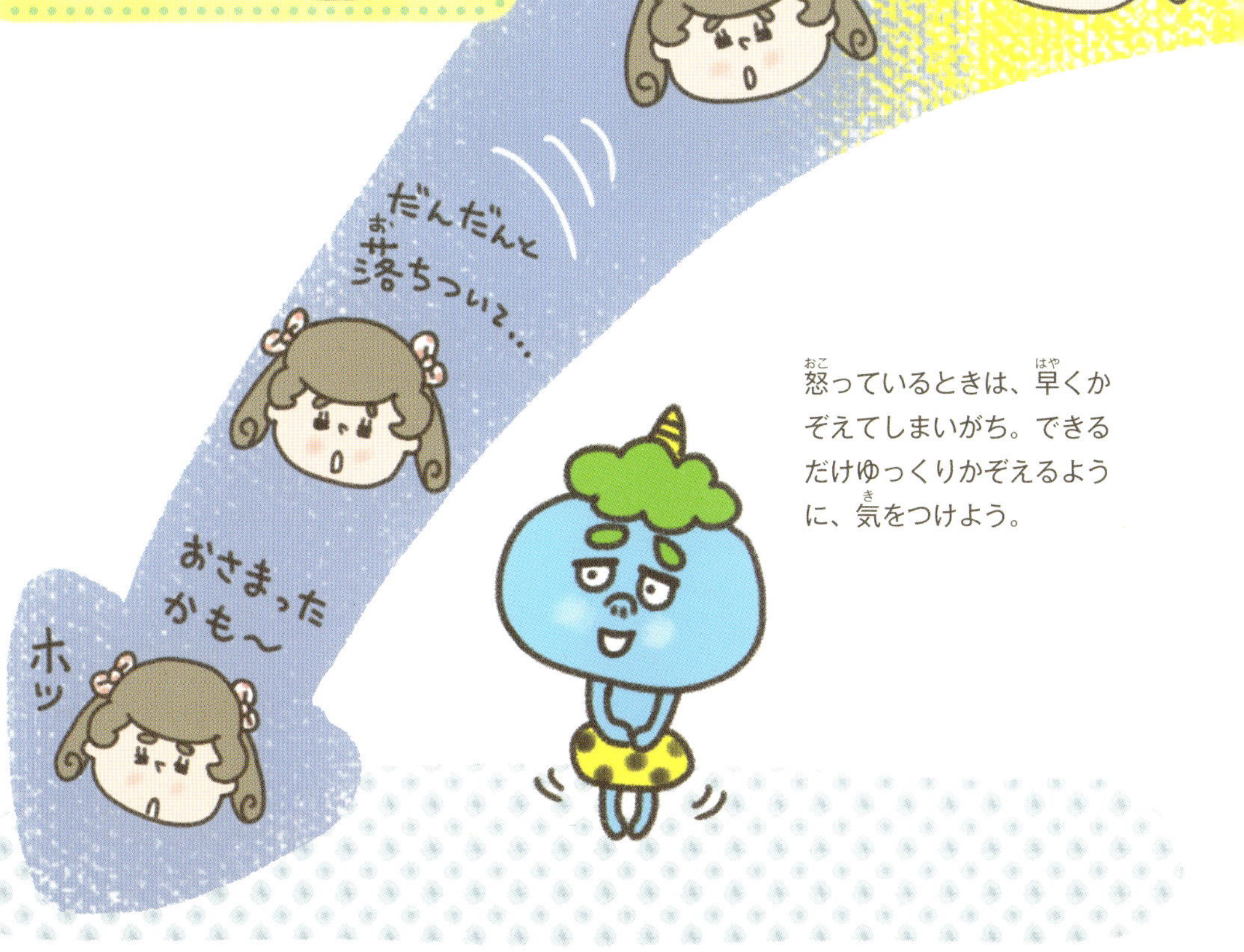
6
5
4
うぬぬぬ…
あらっ
だんだんと落《お》ちついて…
おさまったかも～
ホッ

怒《おこ》っているときは、早《はや》くかぞえてしまいがち。できるだけゆっくりかぞえるように、気《き》をつけよう。

おなかで大《おお》きく深《しん》呼《こ》吸《きゅう》！

おなか深《しん》呼《こ》吸《きゅう》のしかた

1 おなかをふくらませながら、鼻《はな》で大《おお》きく息《いき》を吸《す》う。おなかに空気《くうき》をためるイメージで。

2 おなかをへこませながら、吸《す》うときの倍《ばい》くらい時間《じかん》をかけて、口《くち》から息《いき》をはく。こころのなかのモヤモヤを外《そと》に出《だ》すようなイメージで。

怒《おこ》っていると、呼吸《こきゅう》が速《はや》くなったり、浅《あさ》くなったりしてしまう。それで、落《お》ちついて行動《こうどう》することができなくなってしまうんだ。

そんなときは、おなかを使《つか》って大《おお》きく呼吸《こきゅう》をする「おなか深呼吸《しんこきゅう》」をためしてみよう。

何度《なんど》かくりかえしているうちに、息《いき》が整《ととの》って、からだがリラックスしていくよ。「6秒《びょう》カウント」とあわせてやってもいいね。

ふう〜
なれるまでは、おへその下《した》あたりに手《て》を当《あ》てて、動《うご》きをたしかめながらやってみよう。

うれしかったことを思《おも》い出《だ》そう

いやなことがあったあと、そのことを、ごはんを食《た》べているときも、テレビを見《み》ているときも、おふろに入《はい》っているときも、ずっと考《かんが》えつづけてしまうことってあるよね。

そんなときにためしてほしいのが、「ハッピーメモリー」という方法《ほうほう》だよ。うれしかったことを思《おも》い出《だ》すことで、はりつめていた気《き》もちがふっとゆるんで、気分《きぶん》を切《き》りかえることができるよ。

うれしかった瞬間《しゅんかん》を、できるだけ細《こま》かくゆっくりと思《おも》い出《だ》して、そのときの気《き》もちをもう１度味《どあじ》わってみよう。

ささやかな体験《たいけん》でオッケー

うれしかったことを思《おも》い出《だ》すことはできたかな？　「むずかしい！」という人《ひと》のために、みんなのハッピーメモリーを見《み》てみよう。

楽《たの》しかった
おおおっ

あのザリガニのはさみ大《おお》きかったなあ！

思《おも》い出《だ》すのは、パッと瞬間《しゅんかん》的《てき》に思《おも》い出《だ》せる、ささやかな体験《たいけん》がおすすめだよ。

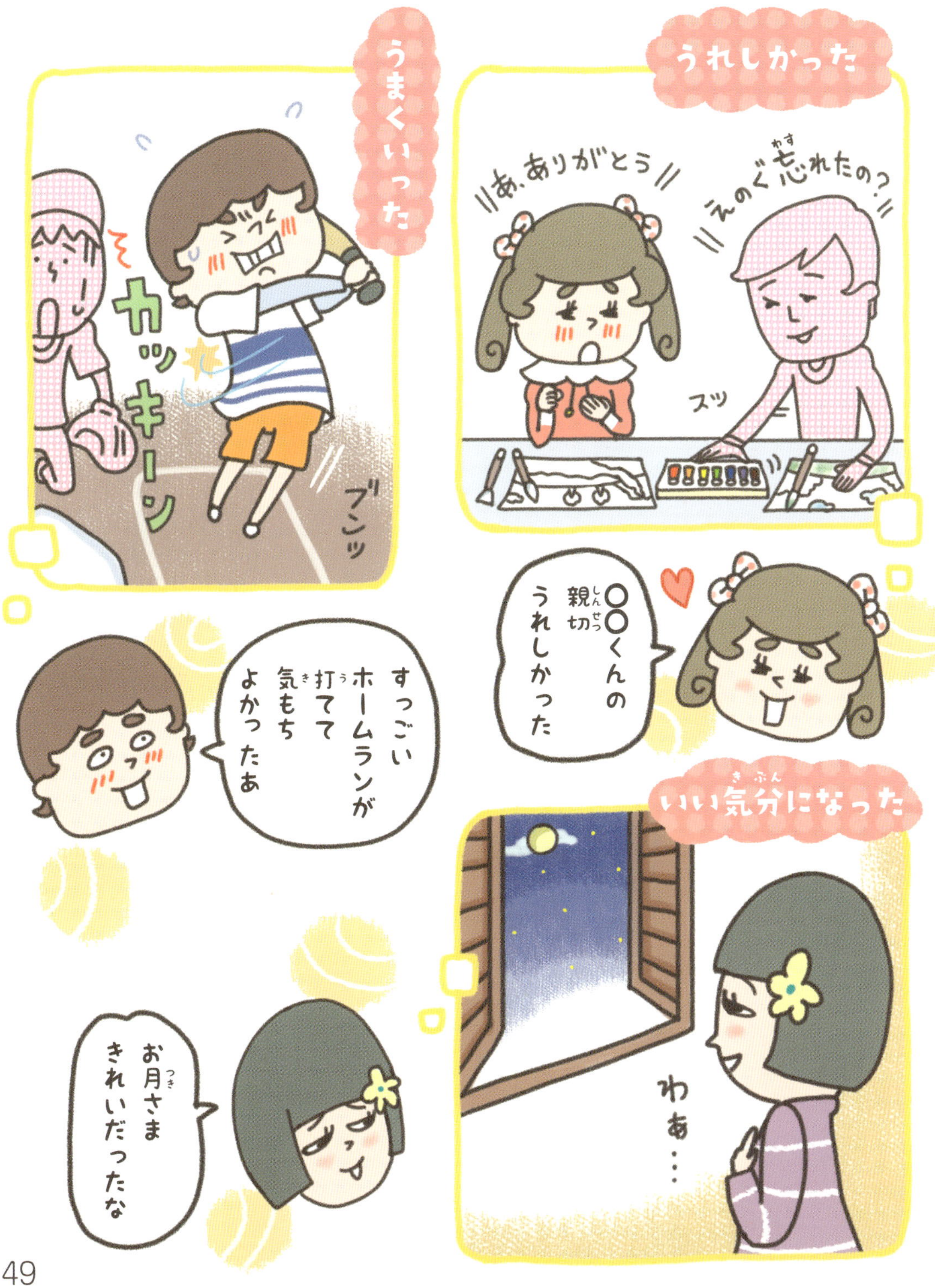

うれしかった
あ、ありがとう
えのぐ忘《わす》れたの？
ズッ
○○くんの親切《しんせつ》うれしかった
いい気分《きぶん》になった
わあ…
お月《つき》さまきれいだったな
うまくいった
カッキーン
ブンッ
すっごいホームランが打《う》てて気《き》もちよかったあ

いったんその場《ば》をはなれよう

バスケットボールの試合《しあい》などで、気《き》もちを切《き》りかえるために「タイムアウト」（休《きゅう》けい）をとることがあるよね。これは怒《いか》りのコントロールにも使《つか》えるよ。

タイムアウトをとっているあいだは、べつのことを考《かんが》えて、なるべくリラックスしよう。その場《ば》からはなれて、軽《かる》くからだを動《うご》かしてみるとか、しばふがあったらねころんでみるのもおすすめだよ。

イラ
・・・
イラ
イラ
イラ
あの・・・
・・・
ちょっと休《きゅう》けい！
オッケー
スタ
スタ
う～ん・・・
イラ
イラ

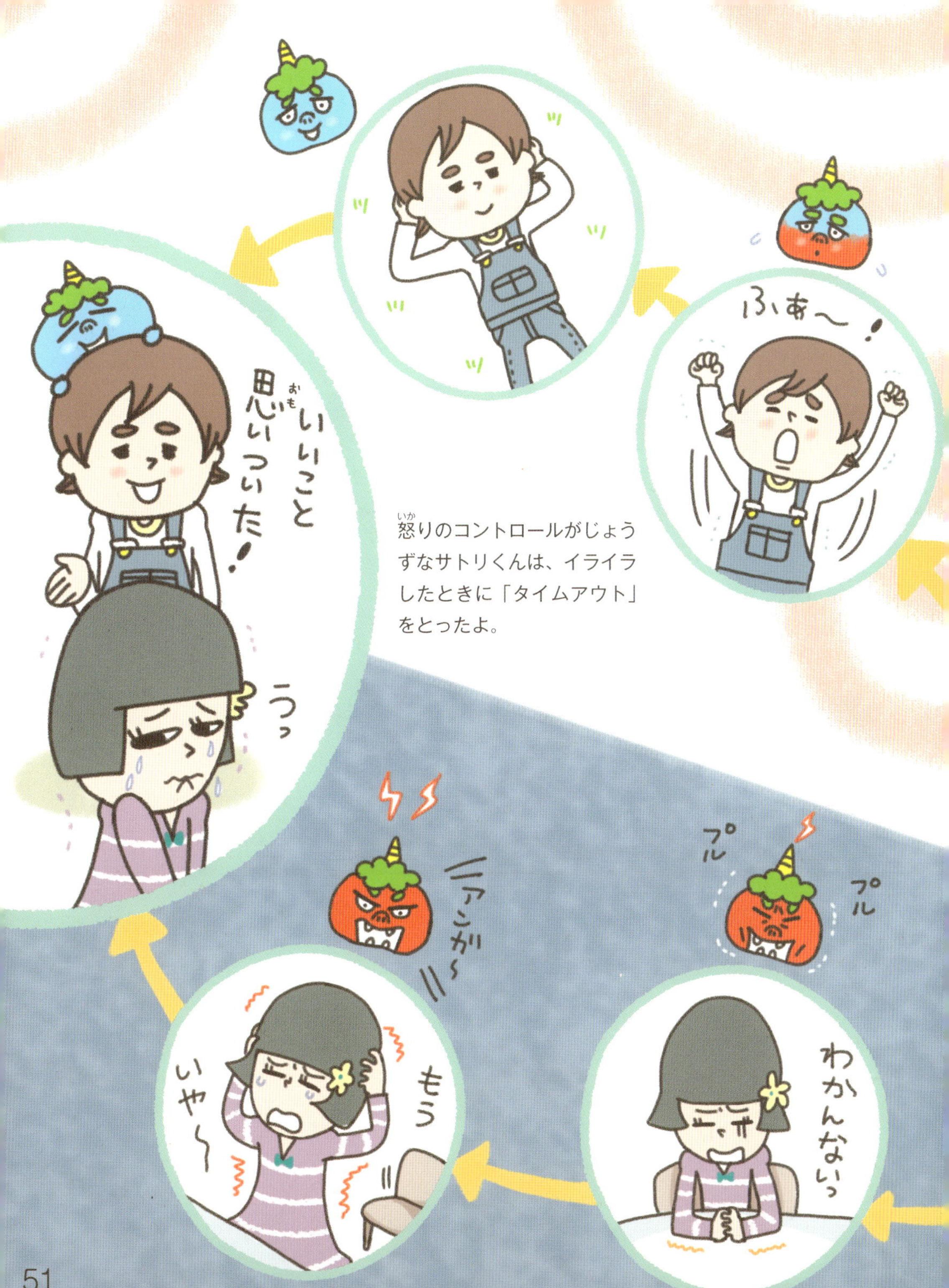
ふあ～！
いいこと思《おも》いついた！
うっ
プルプル
わかんないっ
アンガ～
もういや～

怒《いか》りのコントロールがじょうずなサトリくんは、イライラしたときに「タイムアウト」をとったよ。

怒《いか》りを数字《すうじ》にしよう

「今日《きょう》は暑《あつ》いなあ」と思《おも》ったとき、どれくらい暑《あつ》いかを知《し》るにはどうする？　そう、温度計《おんどけい》を見《み》るとよくわかるよね。「35度《ど》をこえている！　どうりで暑《あつ》いわけだなあ」とか「冬《ふゆ》なのに20度《ど》もあるからあったかいんだ」とかね。

こんなふうに、怒《いか》りも数字《すうじ》であらわすと、とてもわかりやすくなるんだ。

5
4
まあゆるせる
3
2
イラッとする
1
0
怒《おこ》っていない
「0」だから
まったく
心配《しんぱい》なし！
まだ「2」！
だいじょうぶ

じゃあじっさいに、きみのいろんな怒《いか》りを数字《すうじ》であらわしてみよう。怒《いか》りがいちばん小《ちい》さいのが「0」で、いちばん大《おお》きいのが「10」だよ。

この「怒《いか》りの温度計《おんどけい》」で怒《いか》りを数字《すうじ》にすると、自分《じぶん》の怒《いか》りを冷静《れいせい》に受《う》け止《と》めることができるんだ。

自《じ》分《ぶん》でつくったじゅもんをとなえよう

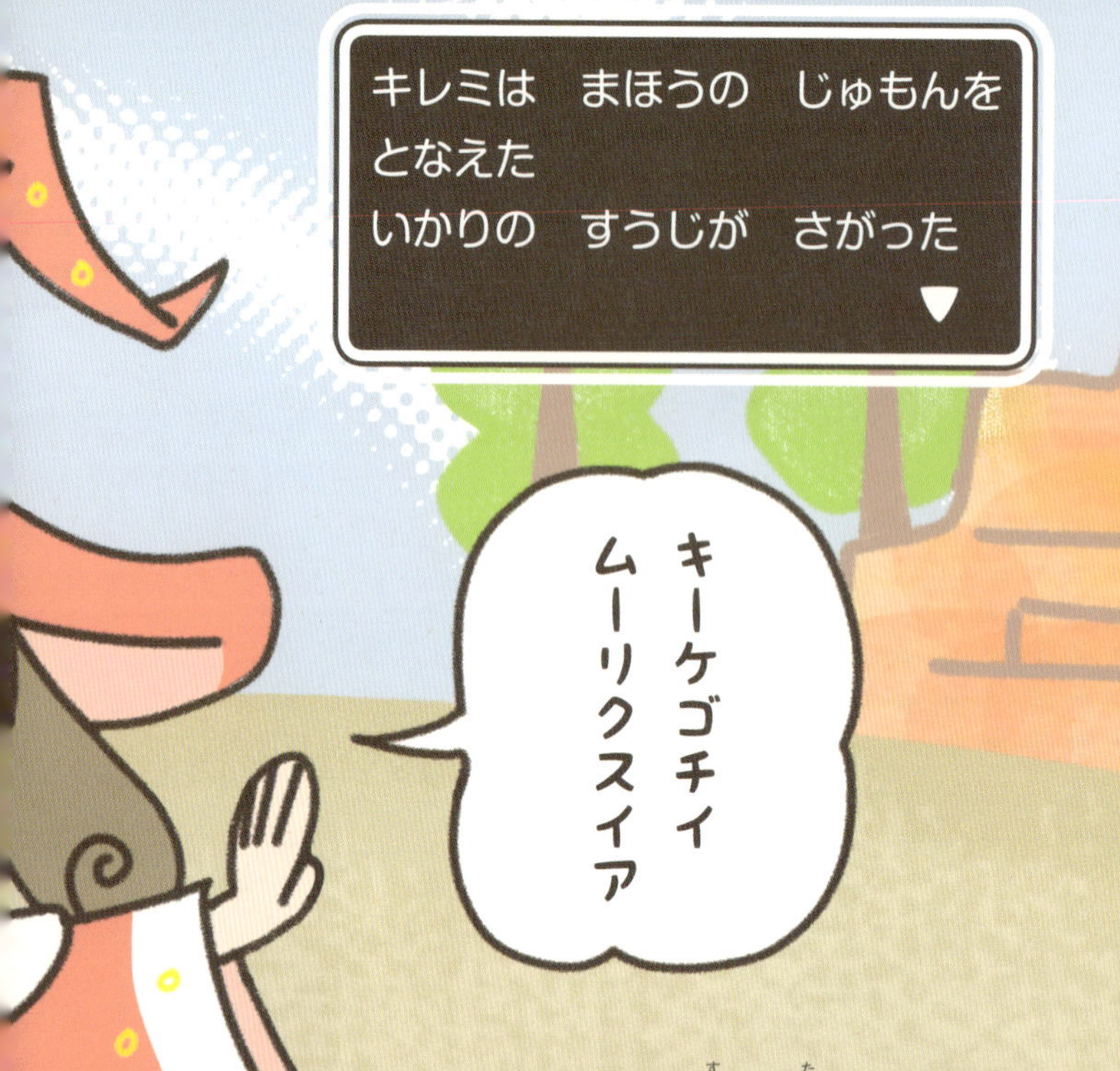
キレミは　まほうの　じゅもんを
となえた
いかりの　すうじが　さがった
キーケゴチィ
ムーリクスイア

キレミちゃんは、好《す》きな食《た》べもののさかさことばを、自分《じぶん》のじゅもんにしているよ。

腹《はら》の立《た》つことがおきて、カッとなってしまった。そんなときは、こころを落《お》ちつかせる「まほうのじゅもん」をとなえてみよう。じゅもんはどんなことばでもかまわないよ。

ふだんから練習《れんしゅう》をして、じゅもんをとなえるのをくせにすれば、感情《かんじょう》にまかせて怒《おこ》ることは少《すく》なくなっていくよ。

こんなじゅもんもあるよ！

じゅもんは、かけ算《ざん》の九九《くく》でも、意味《いみ》のないことばでも、なんでもいいよ。少《すこ》しでもイラッとしたらとなえて、なれておこう！

いま・ここにあるものに集中《しゅうちゅう》！

なんとなく、イライラ・モヤモヤした気《き》もちが消《き》えないとき、きみはどんなことを考《かんが》えているかな？　もしかすると、ずっと前《まえ》のいやなことを思《おも》い出《だ》しているのかもしれないね。それとも、この先《さき》おこりそうなことに不安《ふあん》になっているのかな？

そんなときは、いま目《め》の前《まえ》にあるものだけに集中《しゅうちゅう》してみよう。

天井《てんじょう》のシミをじーっと見《み》て、いろんなものを想像《そうぞう》しているうちに、ジメオくんの怒《いか》りはおさまってきたよ。集中《しゅうちゅう》するのは、部屋《へや》のにおいでも、水《みず》の音《おと》でも、自由《じゆう》に選《えら》んでみよう。

ひこうきにも
見《み》えるな……
バタフライしてる人《ひと》かな
じー

これは「いま・ここフォーカス」という方法《ほうほう》だよ。

いま・ここにあるものに、じーっと集中《しゅうちゅう》することで、過去《かこ》や未来《みらい》のことにとらわれてしまいそうになる気《き》もちに、ブレーキをかけることができるんだ。

こころのなかの自分《じぶん》と会話《かいわ》しよう

怒《おこ》りたくなるできごとがおこったとき、こころのなかにはどんなことばがある？　相手《あいて》をせめるようなことばや、気分《きぶん》が暗《くら》くなるようなことばであふれているんじゃないかな。

はげましじょうずな自分《じぶん》になって、怒《おこ》っている自分《じぶん》に話《はな》しかけてみよう。できごとのちがう面《めん》も見《み》つけられるようになっていくよ。

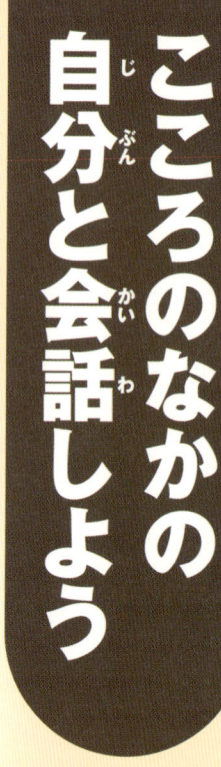

そんなときは、「こころトーク」をためしてみよう。もう1人《ひとり》の自分《じぶん》になって、こころのなかの自分《じぶん》に、元気《げんき》になることばをかけてあげるんだ。

自分《じぶん》にかけたいことばを集《あつ》めておこう!

ムッ
○○ちゃんに あいさつしたのに 知《し》らん顔《かお》された!
○○ちゃんは、なにかいやなことあったのかもしれないね。わたしは明《あか》るくあいさつしつづけよう!
イラ
あの犬《いぬ》 毎日《まいにち》わたしに ほえてくる
ああやっておうちを守《まも》るのが、犬《いぬ》の仕事《しごと》なんだよね。しっかり役割《やくわり》をはたしていて、えらい!

カッとなってしまうと、とっさにいいことばを思《おも》いつくのはむずかしいよね。

自分《じぶん》がイライラしたり、怒《おこ》ったりしやすいのはどんなとき? そのとき、どんなことばをかけてもらえると、前向《まえむ》きになれるかな?

おだやかな気分《きぶん》のときに、使《つか》えそうなことばを集《あつ》めておくといいよ。

雑誌《ざっし》のけん賞《しょう》にいつもはずれちゃう
チャレンジしつづけるねばり強《づよ》さが、わたしのいいところよね。ほかのことも、ねばり強《づよ》くがんばろう！
そうじ当番《とうばん》ちゃんとやってほしい！
まずは自分《じぶん》がお手本《てほん》になってみようよ。本気《ほんき》でやればそうじも楽《たの》しいってこと、みんなに見《み》せつけちゃえ！

こんな「こころトーク」もあるよ！

いましっかり理解《りかい》すれば、あとでらくになる！

授業《じゅぎょう》の内容《ないよう》や宿題《しゅくだい》がむずかしくて進《すす》まないときにおすすめだよ。

やりとげれば、きっと最高《さいこう》の気分《きぶん》！

やりたくない係《かかり》を押《お》しつけられたときや、いやな役割《やくわり》がまわってきたときに思《おも》い出《だ》そう。

今日《きょう》は特別《とくべつ》に「妹《いもうと》の日《ひ》」にしちゃおう！

「妹《いもうと》とるすばんなんてつまらない！」というときも、記念日《きねんび》みたいに名前《なまえ》をつけると、「楽《たの》しもう」と思《おも》えてくるよ。

おだやかな自分《じぶん》を1日《にち》だけ演《えん》じよう

たった1日《にち》だけ「今日《きょう》は、怒《おこ》らずにすごす！」と決《き》めて、おだやかな自分《じぶん》を演《えん》じてみよう。

家族《かぞく》に文句《もんく》をいいたくなってしまっても、今日《きょう》だけはやめよう。いいたいことをいうのは、明日《あした》でもおそくないよね。

友《とも》だちにいやなことをされても、今日《きょう》だけは気《き》にし

ゲキタくんの
きせきの1日《にち》

8：00
おくれてごめん！
おはよう！
少《すこ》し急《いそ》ごう！
スタ
スタ

朝《あさ》、友《とも》だちに待《ま》たされるたびに怒《おこ》っていたゲキタくん。でも、今日《きょう》はにこやかにあいさつ！　やさしく声《こえ》をかけたよ。

ない。ニコニコ笑《え》顔《がお》でやりすごそう。

　さあ、まわりにいる家族《かぞく》や友《とも》だちは、どんなふう？　いつもとちがうところはないか、よく見《み》てみよう。

　ちがうのは、きみだけじゃないことに気《き》づくはず。その日《ひ》はきっと「きせきの1日《にち》」になるんじゃないかな。

13：30
宿題《しゅくだい》は？
忘《わす》れてしまってごめんなさい

先生《せんせい》に怒《おこ》られたとき、いつもならふてくされた態度《たいど》をとっているけど、今日《きょう》はすなおに先生《せんせい》にあやまったんだ。

19：00
あーいい気《き》もちだなあ
まかせて
トントン
トン
トントン

お父《とう》さんが帰《かえ》ってきたら「あそぼうよ！」ってわがままをいいたくなってしまうけど、今日《きょう》はそのかわりに、かたたたきをしてあげたよ。

自分《じぶん》が変《か》わると、相手《あいて》も変《か》わる

朝《あさ》からうるさいなあ
おそい
なんで宿題《しゅくだい》やってないの？
プイ
あそんで〜！
少《すこ》しゆっくりさせてよー

「きせきの1日《にち》」を、じっさいにやってみると、いろんな発見《はっけん》があったんじゃないかな。いつもより、いいたいことが相手《あいて》にちゃんと伝《つた》わったり、相手《あいて》が

おくれてごめーん!
オッケー!
今度《こんど》は忘《わす》れないように気《き》をつけてね
ハイ!
よし!うでずもうでもやるか!!
さっぱりした!
うん♥

やさしく接《せっ》してくれたり。怒《いか》りやイライラは、かんたんに相手《あいて》に伝《つた》わってしまう。だからこそ、自分《じぶん》がちょっとふるまいを変《か》えれば、相手《あいて》の態度《たいど》も変《か》わっていくんだね。

怒《おこ》ったりイライラしたりするときは
かならず原因《げんいん》があるよね。
それから、人《ひと》それぞれに
怒《いか》りのくせもあるんだ。
この章《しょう》で、それらをしっかり理解《りかい》して
「怒《おこ》りにくい自分《じぶん》」をめざそう！

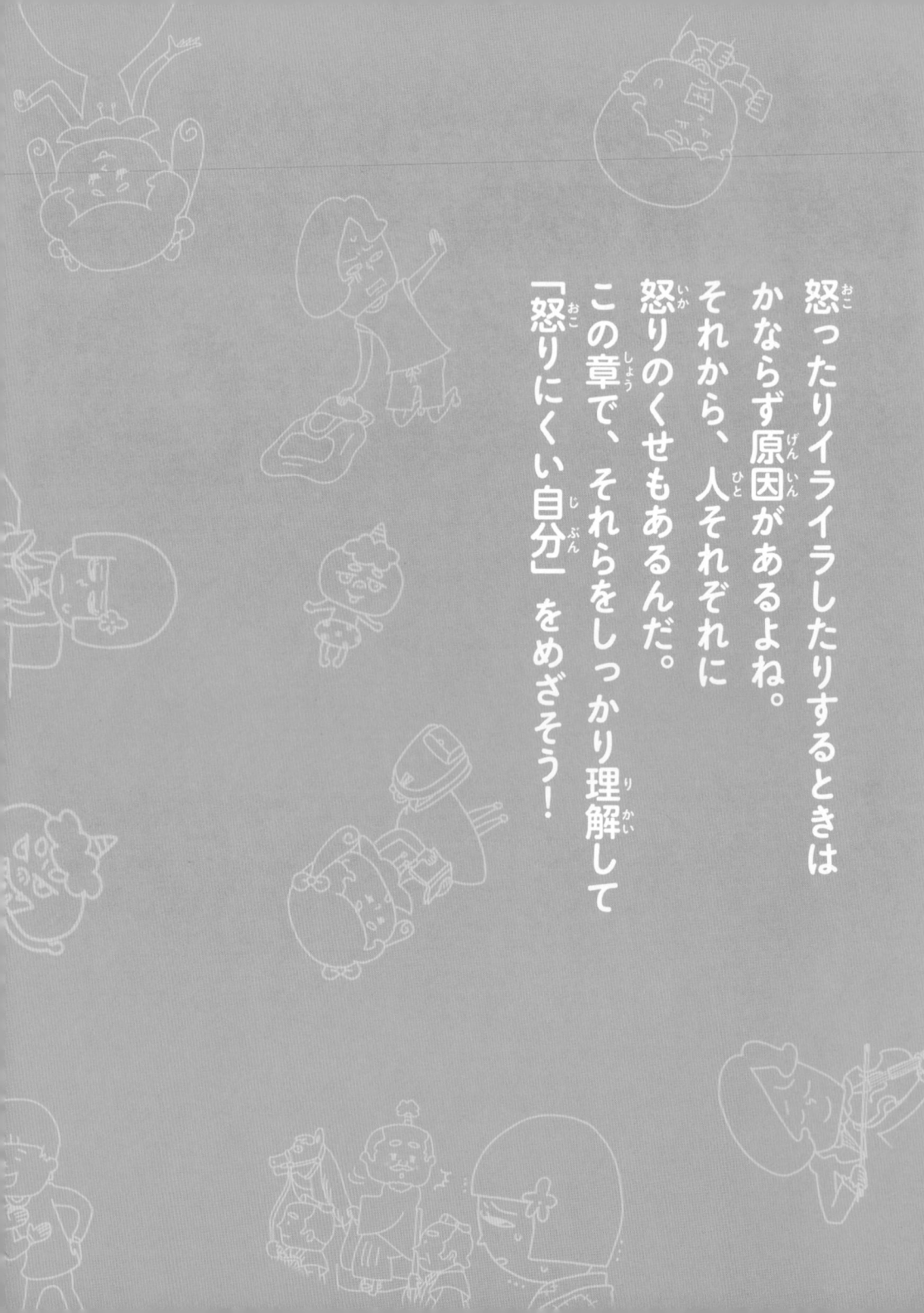

3章《しょう》

怒《おこ》りにくい自《じ》分《ぶん》になろう！

怒《いか》りにひそむ「べき」って？

怒《いか》りの気《き》もちが生《う》まれるとき、みんなのこころのなかでは、いったいなにがおきているのかな？

じっくり見《み》てみよう。

みんな、こころのなかに、「○○するべき」という考《かんが》えかたをもっているみたいだね。

そう、怒《いか》りにはいつも「べき」が、ひそんでいるんだ。

ホームステイでやってきた外国人《がいこくじん》の男《おとこ》の子《こ》を、玄関《げんかん》で迎《むか》えるキレミちゃん。男《おとこ》の子《こ》は、くつのまま家《いえ》のなかに入《はい》ろうとしたよ。

せっかくおみまいに来《き》てくれたんだからたくさんおしゃべりするべき
カチャ
じゃ
そろそろ

かぜで学校《がっこう》を休《やす》んだスネコちゃん。友《とも》だちがおみまいに来《き》てくれたけど、すぐ帰《かえ》ろうとしたよ。

たくさん動《うご》くんだから身軽《みがる》なかっこうをするべき
MAP

沖縄《おきなわ》のおじいちゃんちへ1人《ひとり》であそびに行《い》くジメオくん。できるだけ荷物《にもつ》をへらしたいのに、お母《かあ》さんが荷物《にもつ》をふやそうとするよ。

1人《ひとり》1人《ひとり》の「べき」がある

じつは、自分《じぶん》の「べき」と相手《あいて》の「べき」は、しょっちゅうくいちがう。これは、「べき」の中身《なかみ》が人《ひと》によってちがうからなんだ。

このことを知《し》らないで、いつも自分《じぶん》の「べき」だけが正《ただ》しいと思《おも》っていると、怒《おこ》りたい気《き》もちが止《と》まらない人《ひと》になってしまうよ。

怒《おこ》りたくなったら、自分《じぶん》の「べき」を押《お》しつけるのをやめて、相手《あいて》の「べき」がどんなふうになっているのか、考《かんが》えてみよう。

くつをぬぐのは
ベッドの上《うえ》だけ！
家《いえ》ではくつのまま
歩《ある》くべき・・

男《おとこ》の子《こ》は、家《いえ》のなかでくつをはいているのはふつうのことだと思《おも》ってたんだね。

病気《びょうき》のスネコちゃんがつかれないように早《はや》く帰《かえ》るべき
カチャ
じゃ そろそろ
友《とも》だちは、かぜをひいたスネコちゃんを気《き》づかって、あまりしゃべらないようにしていたんだね。
なにがあるかわからないからいろいろ持《も》っていくべき
MAP
お母《かあ》さんは、ジメオくんのことを心配《しんぱい》してくれていたよ。

自分《じぶん》の「べき」はどこまで？

今度《こんど》は、自分《じぶん》の「べき」を見《み》つめてみよう。人《ひと》になにかをされたとき、「ゆるせない！」と怒《おこ》りだしてしまうこともあれば、「自分《じぶん》の『べき』とはちがうけど、まあいいか」と、ゆるせることもあるよね。

じゃあ、そのさかい目《め》はいったいどこにあるんだろう。自分《じぶん》で知《し》っておくと、怒《いか》りをコントロールしやすくなるよ。

さかい目《め》はここ！

友《とも》だちと漫才《まんざい》をするゲキタくん。友《とも》だちが少《すこ》しまちがえても怒《おこ》らなかったのに、セリフを忘《わす》れてことばが出《で》なくなったら、ゆるせなくなってしまったよ。ここが、ゲキタくんの怒《いか》りのさかい目《め》なんだね。

自分《じぶん》の「べき」を伝《つた》えよう

むかしむかし、あるところに
ぜいたくざんまいの
おとのさまがいました。

おかわりをもて！
はっ

その日《ひ》から、おとのさまは
ぜいたくするのをやめました。

おかわりはがまんじゃ

村人《むらびと》たちは、自分《じぶん》たちがつくった
お米《こめ》や野菜《やさい》を、おなかいっぱい
食《た》べられるようになりました。

人《ひと》の気《き》もちや考《かんが》えかたは、目《め》に見《み》えないよね。だから、きみがすごく怒《おこ》っていても、相手《あいて》には、怒《おこ》っていることやその理由《りゆう》がわからないこともあるんだ。

そんなときは、「ぼく（わたし）は、○○するべきだと考《かんが》えているよ」と、自分《じぶん》の「べき」を具体的《ぐたいてき》に伝《つた》えることがとてもたいせつだよ。きみの「べき」がわかれば、相手《あいて》も行動《こうどう》を変《か》えてくれるかもしれないよ。

ゆるせるはんいを広《ひろ》げよう

ぜったいにゆるせない
つぎのバスに乗《の》ればオッケー！
1時間《じかん》も待《ま》つのはちょっとつらい……本《ほん》でも読《よ》んで待《ま》っていよう
問題《もんだい》なし

朝《あさ》10時《じ》、友《とも》だちと動物園《どうぶつえん》に行《い》くために待《ま》ちあわせ。でも、友《とも》だちがちこくしてきたよ。何分《なんぷん》くらいなら待《ま》てるかな？

おきることは変《か》えられない。でも、自分《じぶん》の「まあゆるせる」のはんいを広《ひろ》げることはできるんじゃないかな。

　そのコツは、まず自分《じぶん》の「べき」が勝手《かって》な思《おも》いこみじゃないかどうか、見《み》なおすこと。それから、できごとのいい面《めん》をさがしてみること。

　これができれば、怒《おこ》ったり、けんかしたりしなくてすむようになっていくよ。

　どう？　ゆるせるはんいを広《ひろ》げることはできた？

お昼《ひる》をすぎちゃった！しょうがないからおべんとうを食《た》べちゃおう
いまから行《い》ってもすぐに動物園《どうぶつえん》閉《し》まっちゃうよ！
まあゆるせる

キレミちゃんは、待《ま》ち時間《じかん》を「おべんとうの時間《じかん》」と思《おも》いなおすことで、「ゆるせるはんい」を広《ひろ》げようとしているね。

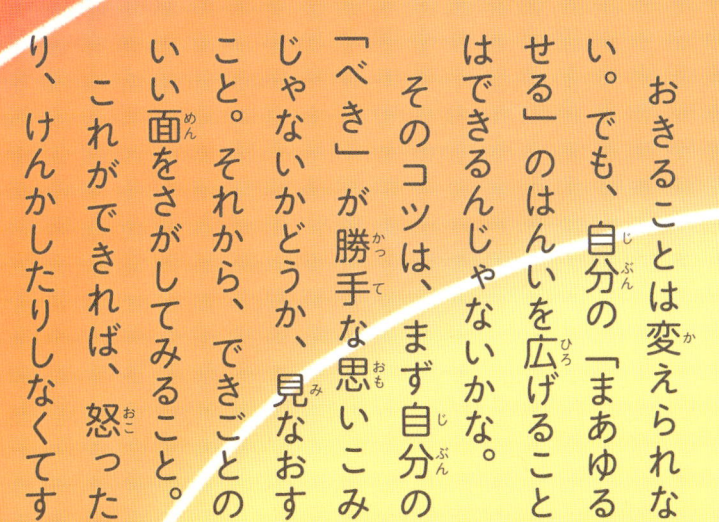

怒《いか》りを書《か》き出《だ》して自分《じぶん》のくせを知《し》ろう

だれのこころにも「べき」があって、それが怒《いか》りのもとになっている。でも、それがわかっていても、じっさいに怒《おこ》っているときは、頭《あたま》が混乱《こんらん》して、冷静《れいせい》に考《かんが》えられないよね。

スッキリ

そこで、自分《じぶん》が怒《おこ》っている理由《りゆう》やそのときの気《き》もちを、紙《かみ》に書《か》き出《だ》してみよう。こうして書《か》き出《だ》したものを「アンガーメモ」というよ。

きのう、○○くんのたん
じょうび会《かい》があったみたい。
××くんがいってた。
ぼ さそってくれないなんて
どい！
どうしてぼくをさそって
くれなかったんだろう？
もう、友《とも》だちじゃないのかな。
お母《かあ》さんが、ぼくの緑《みどり》の
セーターを勝手《かって》にすてた！
小《ちい》さくなったからって、
勝手《かって》にすてるなんて
ぜったいゆるせない。
ぼくのたからものだった
のに！
かさがないのに、
雨《あめ》がふってきてしまった！
天気予報《てんきよほう》では

怒《いか》りを感《かん》じるたびに、あまり深《ふか》く考《かんが》えず、思《おも》いついたまま書《か》いていこう。

頭《あたま》のなかのごちゃごちゃを書《か》き出《だ》して、見《み》えるようにすると、気《き》もちが落《お》ちつくね。

アンガーメモをレベルアップ！

怒《いか》りを書《か》き出《だ》すことになれてきたら、つぎは、時《じ》間《かん》や場《ば》所《しょ》、おきたこと、そのとき感《かん》じた気《き》もちを、それぞれに分《わ》けて書《か》いてみよう。

こうすることで、自《じ》分《ぶん》がどんなことに怒《おこ》りやすいのか、くせが見《み》えてくるよ。

アンガーメモの書《か》きかた

- まずは、日《ひ》にちと曜日《ようび》、時間《じかん》を書《か》こう。
- 怒《おこ》った場所《ばしょ》はどこかな？
- 怒《おこ》ったきっかけはなんだったかな？ 気《き》もちは書《か》かず、じっさいにあったことだけを書《か》こう。
- ここではじめて、自分《じぶん》の気《き》もちを書《か》くよ。気《き》もちだけでなく、自分《じぶん》の「べき」や、いったことばなども、思《おも》い出《だ》して書《か》いておこう。
- 52～53ページの「怒《いか》りの温度計《おんどけい》」を使《つか》って、怒《いか》りの数字《すうじ》もきろくしておこう。

ぼくのいない
ところで
みんなが
楽《たの》しんでいると
イライラして
しまうみたい

①とき

10月《がつ》13日《にち》。金曜日《きんようび》。7時《じ》50分《ぷん》ごろ。

②場所《ばしょ》

通学路《つうがくろ》

③おきたこと

××くんに、○○くんのたんじょうびパーティが楽《たの》しかったと聞《き》いて、自分《じぶん》がさそわれていないことを知《し》った。

④自分《じぶん》の気《き》もちと行動《こうどう》

すごくいやな気分《きぶん》になった。「何人《なんにん》いたの？」って聞《き》いたら、10人《にん》っていわれた。そんなにさそうなら、ぼくのこともさそうべき！

⑤怒《いか》りの数字《すうじ》

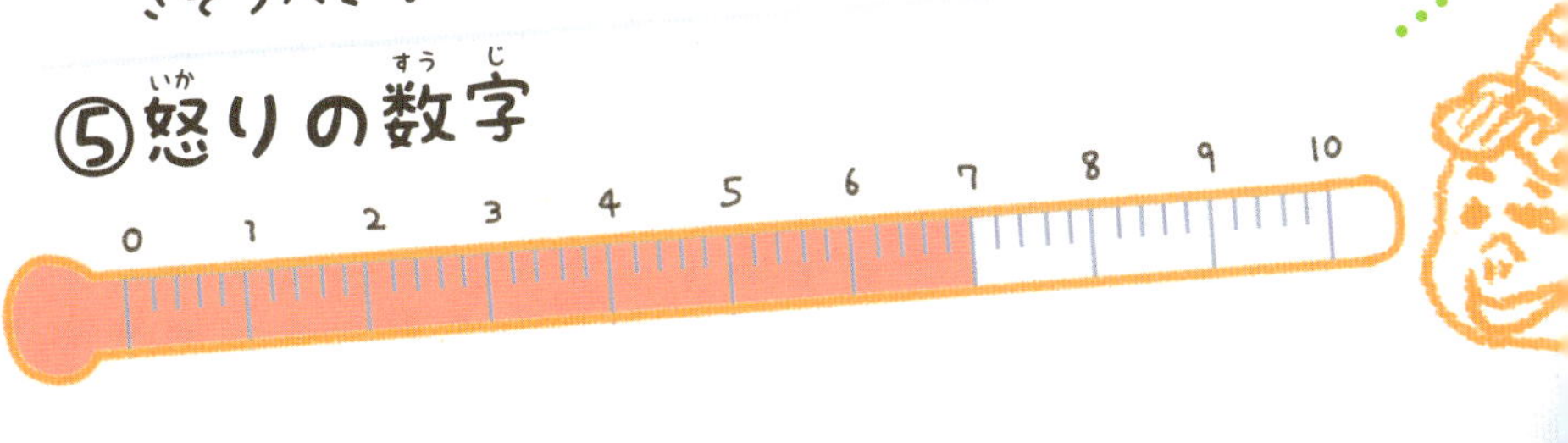

怒《いか》りを仕分《しわ》けしよう

アンガーメモが集《あつ》まってきたら、つぎは「アンガー仕分《しわ》け」だよ。

じつは、すべての怒《いか》りを自分《じぶん》で解決《かいけつ》することはできないし、解決《かいけつ》しなくていい場合《ばあい》もあるんだ。まずは、1つ1つの怒《いか》りをつぎの2つのポイントで仕分《しわ》けしてみよう。

ポイント1

その「べき」は、自分《じぶん》にとってたいせつなこと?

公園《こうえん》の池《いけ》にワニがいるのを発見《はっけん》したゲキタくん。みんなに話《はな》しても、ぜんぜん信《しん》じてもらえなかったよ。

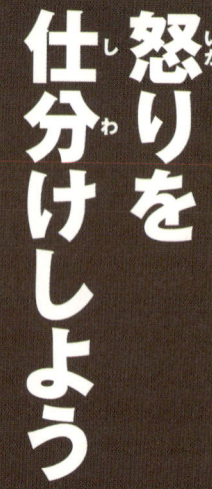

ポイント2

怒《いか》りの原因《げんいん》を、自分《じぶん》で変《か》えることはできる？

たいせつ

どうしても信《しん》じてほしい！

たいせつでない

信《しん》じてもらえなくてもいい

1　できる

どうしても信《しん》じてもらいたい！　明日《あした》の朝《あさ》、きっと新聞《しんぶん》にのるはずだから、それをみんなに見《み》せよう！

2　できない

うそつきって思《おも》われるのはすごくいやだけど、ワニはすぐにいなくなってしまって、しょうこがない。

3　できる

信《しん》じてもらえなくてもいいけど、テレビでニュースになれば、本当《ほんとう》だということがわかるんじゃないかな。

4　できない

きっとみんなすぐに忘《わす》れちゃうから、ぼくも信《しん》じてもらえなかったことなんて、すぐに忘《わす》れちゃおう。

そう、怒《いか》りはこんなふうに、４つに仕分《しわ》けることができるんだ。

行動《こうどう》しよう

仕《し》分《わ》ければ、解《かい》決《けつ》法《ほう》が見《み》えてくる！

集《あつ》めたアンガーメモを、１つ１つ仕分《しわ》けてみよう。それぞれの解決法《かいけつほう》が見《み》えてきたね。

たいせつ

授業中《じゅぎょうちゅう》、となりの席《せき》の子《こ》が話《はな》しかけてくると困《こま》るよね。お願《ねが》いすれば、変《か》えられるかもしれないよ。

1 たいせつだし変《か》えられる

変《か》えられる

3 たいせつでないけど変《か》えられる

通学路《つうがくろ》にほえる犬《いぬ》がいて、ちょっとこわい。でも、つながれているし、ほかの道《みち》を通《とお》ればだいじょうぶ！

たいせつでない

気楽《きらく》にとりくもう

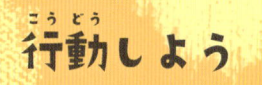

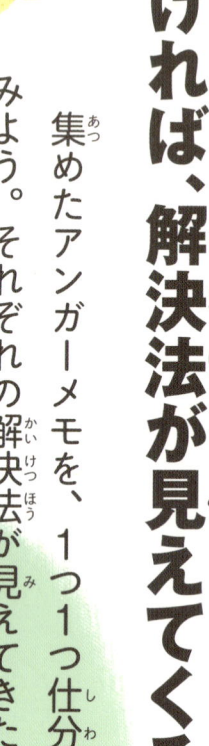

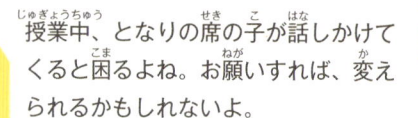

受《う》け入《い》れて あきらめよう

キャンプでの天体観測《てんたいかんそく》を楽《たの》しみにしていたけど、大雨《おおあめ》に。あきらめて、べつの楽《たの》しみを見《み》つけるしかないね。

2 たいせつだけど変《か》えられない

変《か》えられない

4 たいせつでないし変《か》えられない

忘《わす》れてしまおう

ランドセルが、ロッカーから落《お》とされている！　ちょっとイラッとするけど、そんなこともあるよね。

むずかしいのは、1と2だね。

1の場合《ばあい》は、いつまでに、どれくらい、どうなってほしいのか考《かんが》えてみよう。きみのとるべき行動《こうどう》が見《み》えてくるよ。

2の場合《ばあい》は、自分《じぶん》の受《う》け止《と》めかたを変《か》えるしか、方法《ほうほう》はないよ。76〜77ページを参考《さんこう》にして、ゆるせるはんいを広《ひろ》げるか、あきらめて、ほかのことに目《め》を向《む》けよう。

どちらを選《えら》ぶかは、自分《じぶん》で決《き》めるんだよ。

いつもとちがう行動《こうどう》をしてみよう

「けんかするのは、いつも○○ちゃんだなあ。」「お母《かあ》さんにいわれることに、毎《まい》日《にち》イライラしているみたい。」

こんなふうに、アンガーメモで自《じ》分《ぶん》のくせがわかったら、それをやめて、ちがう行動《こうどう》をしてみよう。これを「いつもチェンジ」というよ。

たとえば、よくけんかをしてしまう友《とも》だちとは、話《はな》しかたをちょっと変《か》えるとか、お母《かあ》さんに少《すこ》しやさしくしてみるとか。

相《あい》手《て》も行《こう》動《どう》を変《か》えて、いつもの流《なが》れをたちきることができるかもしれないよ。

いつもは怒《おこ》っても相手《あいて》をにらむだけだったスネコちゃん。行動《こうどう》を変《か》えて、ていねいに頼《たの》んでみたら、相手《あいて》は静《しず》かにしてくれたよ。

あこがれの人《ひと》になりきろう

きみには「すてきだな」「かっこいいな」と思《おも》うあこがれの人《ひと》はいるかな？　あこがれの人《ひと》が思《おも》いうかんだら、その人《ひと》になりきる「なりきりプレイ」をためしてみよう。
なりきるのは、まわりにいる人《ひと》でも、好《す》きなアニメやマンガのキャラクターでもいいよ。

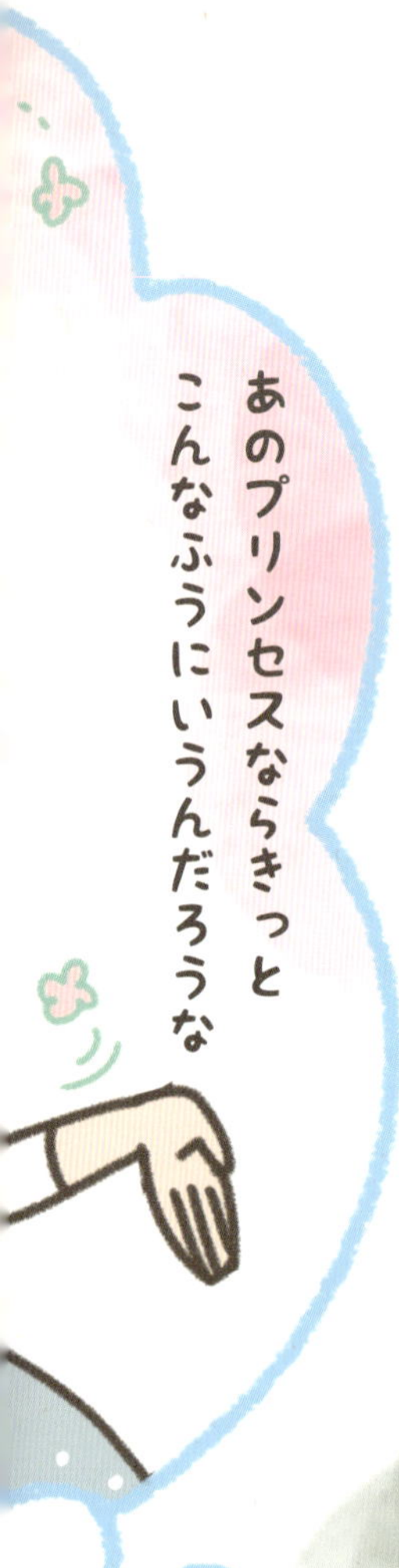
あのプリンセスならきっと
こんなふうにいうんだろうな

あっ
おねえちゃん
おかえり～

妹《いもうと》がケーキをぜんぶ食《た》べてしまった。怒《いか》りがばくはつしそう！

自分《じぶん》の怒《いか》りのくせを変《か》えたいなと思《おも》ったら、あこがれの人《ひと》ならどうするか、想像《そうぞう》してみるんだ。そして、「きっと、こういうだろうな」「こんなふるまいをするかも！」と思《おも》ったら、それをまねしてみよう。

　そのうちに、その人《ひと》の行動《こうどう》や考《かんが》えかたが、自然《しぜん》にできるようになっていくよ。

わたしはクッキーがあればいいの！ケーキはかわいい妹《いもうと》にぜんぶあげる！
おねえちゃんじゃないみたい……

なりたい自分《じぶん》への道《みち》のりをえがこう

夏休《なつやす》みはラストスパートの時期《じき》。
毎日《まいにち》2時間《じかん》は練習《れんしゅう》するぞ！
これがぼくの
「なりたい自分《じぶん》」
よゆうたっぷりで
弾《ひ》きこなすんだ！
夏休《なつやす》み
1年後《ねんご》

「発表会《はっぴょうかい》で大失敗《だいしっぱい》してしまった！」「リレー選手《せんしゅ》の座《ざ》を、友《とも》だちにうばわれた……。」

こんなふうに、思《おも》うような結果《けっか》が出《だ》せない自分《じぶん》にイライラしてしまうときは、その奥《おく》に「なりたい自分《じぶん》」がかくれているよ。

そこで、なりたい自分《じぶん》になるまでの「未来《みらい》ストーリー」を、上《うえ》の絵《え》のようにグラフにしてえがいてみよう。

未来《みらい》ストーリーをえがくと、いまやるべきことが見《み》え

未来《みらい》ストーリーのえがきかた

1 グラフの最後《さいご》に、「なりたい自分《じぶん》」と「いつなるか」を書《か》き入《い》れよう。

2 つぎに、とちゅうの目標《もくひょう》も決《き》めよう。

3 じっさいには、うまくいくときもいかないときもあるよね。でもそれもぜんぶ「なりたい自分《じぶん》」への道《みち》のりだよ。

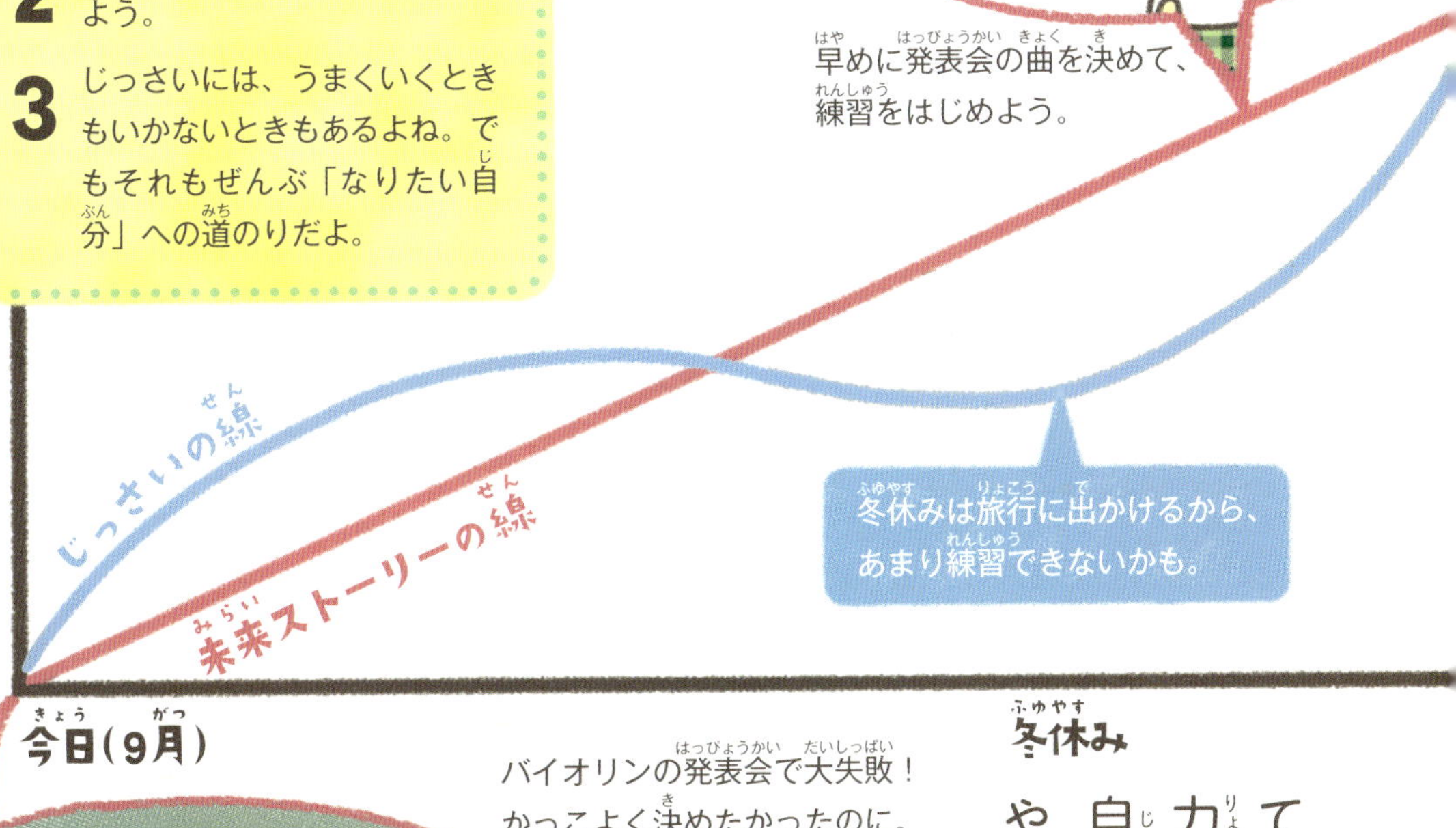
早《はや》めに発表会《はっぴょうかい》の曲《きょく》を決《き》めて、練習《れんしゅう》をはじめよう。
じっさいの線《せん》
未来《みらい》ストーリーの線《せん》
冬休《ふゆやす》みは旅行《りょこう》に出《で》かけるから、あまり練習《れんしゅう》できないかも。
今日《きょう》(9月《がつ》)
冬休《ふゆやす》み
バイオリンの発表会《はっぴょうかい》で大失敗《だいしっぱい》!かっこよく決《き》めたかったのに。

てくるよ。目標《もくひょう》に向《む》かって努力《どりょく》しやすくなるね。なりたい自分《じぶん》がイメージできるから、やる気《き》もわいてくるよ!

怒《いか》りは、自分《じぶん》を守《まも》るためにある。
でも、その怒《いか》りで、
相手《あいて》をきずつけてしまったり、
けんかしたりしてしまうのは、いやだよね。
最後《さいご》の４章《しょう》では、
怒《いか》りをじょうずに相手《あいて》に伝《つた》える方法《ほうほう》を
身《み》につけていくよ！

4章《しょう》

怒《いか》りをじょうずに伝《つた》えよう！

怒《おこ》りかたにもある じょうず・へた

「ぼくはいま、怒《おこ》っているな。」「わたしのアンガーくんが、赤《あか》くなりはじめたみたい！」

ここまでたくさんのことを学《まな》んできたきみなら、こんなふうに、自分《じぶん》の怒《いか》りを1歩《ぽ》引《ひ》いて見《み》られるようになってきたんじゃないかな。

なんであんなことしたんだ!?
しょうがないだろ！
へた

じょうず

ぼくはこういうわけで
いま怒《おこ》ってるんだ
そっか……
ごめんね
アンガーシーソー

でも、その怒《いか》りを、落《お》ちついて正《ただ》しく伝《つた》えること、つまり「じょうずに怒《おこ》る」ことは、まだまだむずかしいよね。

そう、怒《おこ》りかたにはじょうず・へたがあるんだ。いったいどうすれば、じょうずに怒《おこ》れるようになるんだろう？

怒《おこ》りかたをまちがえると、どうなる？

へたな怒《おこ》りかたというのは、怒《おこ》った相手《あいて》と気《き》まずくなったり、けんかになったりしてしまうこと。

へたな怒《おこ》りかたをしてしまっても「ごめんね」とあやまって、なかなおりできればだいじょうぶ。でも、相手《あいて》との関係《かんけい》がこわれたまま、いつまでももとにもどらないこともあるんだ。

ずっとたいせつにしてきた親友《しんゆう》も、いっしょにくら

スタート
ぼくじゃないのに…

怒《おこ》りかたを失敗《しっぱい》！

どうせ〇〇くんがとったんだろ！

ある日《ひ》、トレーディングカードが1枚《まい》なくなっているのに気《き》づいたゲキタくん。いつもあそんでいる友《とも》だちがとったと、決《き》めつけてしまったよ。

している家族《かぞく》だって、こわれるときはあっという間《ま》。後悔《こうかい》しても、とりかえしがつかないよ。

そうなる前《まえ》に、じょうずな怒《おこ》りかたを身《み》につけよう。じょうずに怒《おこ》れば、相《あい》手《て》とけんかをしなくてすむし、もっとなかよしになれることもあるんだ。

友《とも》だちは、ゲキタくんをゆるすことができなくなってしまったよ。2人《ふたり》は、もういっしょにあそべなくなってしまったんだ。

まちがっていたことに気《き》づいて、あやまったけど……
ごめんね
ゴール

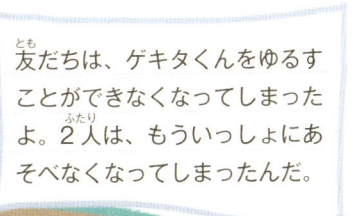

3つのルールいはんはレッドカード！

じょうずに怒《おこ》るために、まずみんなに守《まも》ってもらいたいのが「3つのルール」だよ。

きみはきっと、これまでに紹介《しょうかい》した方法《ほうほう》を自分《じぶん》なりにためしているんじゃないかな。うまくいかないことだってたくさんあるよね。大人《おとな》だってそう。あせる必《ひつ》要《よう》はないよ。

だけど、この3つのルールだけはとてもたいせつなことだから、かならず守《まも》ってほしいんだ。

ルール1

相手《あいて》をわざときずつけない

知《し》らず知《し》らずのうちに、相手《あいて》をきずつけてしまうことってあるよね。でも、怒《おこ》ったいきおいで、わざときずつけてはいけないよ。

暴力《ぼうりょく》をふるってけがをさせることはもちろん、ことばで相手《あいて》のこころをきずつけることも、ぜったいにしてはいけないんだ。

1度《ど》きずつけてしまうと、なおるのにとても時間《じかん》がかかるからね。

ショック!!
○○ちゃんのことなんかずっときらいだったんだから!

怒《いか》りにまかせて、友《とも》だちにわざときずつけるようなことをいってしまったキレミちゃん。これはレッドカード!

ルール2

自《じ》分《ぶん》をせめすぎない

「ぼくがぜんぶ悪《わる》いんだ！」

「わたしはなにをやってもダメ……。」

こんなふうに、いつまでも自《じ》分《ぶん》をせめていると、自《じ》分《ぶん》に自《じ》信《しん》をもてなくなったり、どんどん気《き》分《ぶん》が落《お》ちこんだりしてしまうよ。これは、自《じ》分《ぶん》で自《じ》分《ぶん》をきずつけているのと同《おな》じことなんだ。

相《あい》手《て》をきずつけてはいけないように、自《じ》分《ぶん》のこともきずつけてはいけないよ。

自《じ》分《ぶん》の悪《わる》いところに気《き》づいたら、もっとすてきな自《じ》分《ぶん》になるチャンス！　自《じ》分《ぶん》をせめるのはやめて、つぎにどうしたらいいかを考《かんが》えよう。

水《みず》やりをさぼって、花《はな》をからしてしまったジメオくん。つぎに花《はな》を育《そだ》てるときにはどうするか、考《かんが》えなくてはいけないね。

ルール3

ものをこわさない

怒《いか》りにまかせて、ものを投《な》げたりこわしたりしてはいけないよ。

「人《ひと》をきずつけるより、いいじゃないか」と思《おも》うかな？　でも、ものをこわすことで怒《いか》りを発散《はっさん》させることをおぼえると、それがくせになって、いつか人《ひと》にも同《おな》じようにあたるようになってしまうかもしれないんだ。

その怒《いか》りは、自分《じぶん》の怒《いか》りだよね。ものにぶつけるのではなく、自分《じぶん》の力《ちから》でじょうずにコントロールするくせをつけよう。

スネコちゃんは、自分《じぶん》の運勢《うんせい》が悪《わる》いと書《か》いてある雑誌《ざっし》を、怒《おこ》ってやぶってしまったよ。これもルールいはん！

4つのマナーいはんはイエローカード！

怒《おこ》りかたにも、マナーがあるよ。ここでは、とくにたいせつな「4つのマナー」を紹介《しょうかい》するから、じょうずに怒《おこ》るために、しっかりおぼえておいてね。

マナー1 ゆるせるはんいをいつも同《おな》じにする

きみは、気分《きぶん》がよいときにはやりすごせるようなことでも、気分《きぶん》が悪《わる》いと怒《おこ》ってし

あの本《ほん》いつ返《かえ》してくれるんだよ
なんかいつもとちがう…

おなかがすいて、イライラしているゲキタくん。いつもなら気《き》にならないのに、つい怒《おこ》ってしまったよ。

まっていないかな？

それでは、自分《じぶん》の「べき」がきちんと伝《つた》わらないし、相手《あいて》もとまどってしまうよ。

だれにでも、気分《きぶん》のいいときと悪《わる》いときはある。だからこそ、ゆるせるはんいがいつも同《おな》じになっているか、自分《じぶん》でしっかりチェックしよう。

マナー2　怒《おこ》ることを1つにしぼる

怒《おこ》ったいきおいで、べつのできごとをもち出《だ》して、さらに怒《おこ》っていないかな？

そうすると、いまなんの話《はなし》をしているのか、よくわからなくなって、どんどん解決《かいけつ》がむずかしくなってしまうよ。

怒《おこ》るときは、1つのことにしぼって、相手《あいて》に伝《つた》えよう。

給食《きゅうしょく》ぶくろをまちがわれて、怒《おこ》るスネコちゃん。むかしのことをもち出《だ》して、さらに怒《おこ》ってしまったよ。

マナー3 「なんで?」をくりかえさない

怒《おこ》っていると、「なんでそんなことやったの!?」って、問《と》いつめたくなってしまうよね。でも、そうすると、相手《あいて》はいいかえすためのことばをさがしたり、話《はな》すのををやめたりしてしまうんだ。

「なんで?」にとらわれないで、相手《あいて》の本当《ほんとう》の気《き》もちを聞《き》いて、これからのことを話《はな》しあうと、うまくいくよ。

なんで約束《やくそく》をやぶったの？
なんで来《こ》なかったの？
なんで理由《りゆう》がいえないの？
ズーン

「なんで？」をくりかえすジメオくん。困《こま》った友《とも》だちは、だまってしまったよ。

マナー4 相手《あいて》のせいにしない

「あなたはいつもそう」「きみがぜったい悪《わる》い」なんて、話《はな》しあう前《まえ》から、相手《あいて》のせいにして怒《おこ》っていない？

どんなときでも、まずは相手《あいて》の話《はなし》を聞《き》いて、「べき」のすれちがいがどこにあったのか、考《かんが》えよう。

〇〇ちゃんが悪《わる》い！いつもそうなんだから！
わたしじゃないのに…

友《とも》だちの話《はなし》を聞《き》かずに、一方的《いっぽうてき》に怒《おこ》るキレミちゃん。友《とも》だちのこころのなかで、いやな気《き》もちがふくらんできたよ。

怒《いか》りをあらわす いろんなことば

いつのまにかモヤモヤと生《う》まれてきた怒《いか》りの気《き》もち。その気《き》もちを、ことばに変《か》えてみよう。

「気《き》にいらない」「ムカムカする」「うざい！」……

いろいろ出《で》てきたね。もっとぴったりなことばはないかな？

「ふゆかい！」「気分《きぶん》が悪《わる》い」「むしゃくしゃする」……

どんどん出《で》てくるね。どうやら日《に》本語《ほんご》には、怒《いか》りをあらわすことばがたくさんあるみたいだね。

イライラする
まだなの～?
…
ワナワナふるえる
気《き》にさわる
わたしのよりかわいい…
きげんが悪《わる》い
かんしゃくをおこす

頭《あたま》に血《ち》がのぼる
業《ごう》をにやす
むしゃくしゃする
フンッ
カチンとくる
カチン
むかつく
カッとなる
腹《はら》が立《た》つ
キレる

いっぱいあるね！

怒《いか》りは、知《し》らないうちに生《う》まれて、あっという間《ま》に大《おお》きくなってしまうよね。そんなとらえどころのない怒《いか》りの気《き》もちを、つかまえやすくするのが、ことばなんだ。

気《き》もちにぴったり当《あ》てはまることばを見《み》つけられたかな？ 人《ひと》に伝《つた》えるときも、ことばにしたほうが、うまく伝《つた》わるよね。

怒《いか》りをあらわすことばは、ほかにもまだまだあるよ。できるだけたくさんのことばを使《つか》えるようになろう。

にくたらしい
逆上《ぎゃくじょう》する
いっぱいあるなあ
へそを曲《ま》げる
もういいっ！

「わたし」を主語《しゅご》にして気《き》もちを伝《つた》えよう

「わたしメッセージ」とは、「わたしはこう思《おも》う」や「ぼくはこうしたい」と、主語《しゅご》を「わたし（ぼく）」にした話《はな》しかたで、相手《あいて》に気《き》もちを伝《つた》える方法《ほうほう》のことだよ。

ドン

〇〇くんがこわした……
ぼくのせいにするの!?

「あなたが悪《わる》い」といういいかたをしたスネコちゃんは、よけいに相手《あいて》を怒《おこ》らせてしまったよ。

グラ
ガシャン
わたしは
いっしょうけんめい
つくった工作《こうさく》が
こわれて悲《かな》しいの
悲《かな》しい
思《おも》いを
させちゃっ
たんだね

「わたし」を主語《しゅご》にして話《はな》したら、自分《じぶん》の気《き》もちをうまく伝《つた》えることができたよ。

怒《いか》りは、だれかにいわれたことやされたことがきっかけで、生《う》まれてくるよ。だけど、その怒《いか》りの気《き》もちは、だれかのものではなく、きみ自《じ》身《しん》のものだよね。つまり、どんなときでも、怒《いか》りを相手《あいて》のせいにするのは、まちがっているんだ。

だから、まずは落《お》ちついて、「わたしは」「ぼくは」ではじまるわたしメッセージで、自分《じぶん》の気《き》もちを伝《つた》えてみよう。

こんなときはどう怒《おこ》る？

怒《いか》りの奥《おく》にべつの気《き》もちがかくれているというのは、24ページで学《まな》んだよね。怒《おこ》っていることに気《き》づいたら、まず、そこにかくれている気《き》もちを見《み》つけ出《だ》そう。そして「3つのルール」や「4つのマナー」を思《おも》い出《だ》しながら、「わたしメッセージ」で相手《あいて》に伝《つた》えよう。

ケース1 得意《とくい》な卓球《たっきゅう》で弟《おとうと》にはじめて負《ま》けた！

家族《かぞく》で温泉《おんせん》へ行《い》くと、いつもやっている卓球《たっきゅう》。ジメオくんは、いままで1度《ど》も負《ま》けたことがなかった弟《おとうと》・ジメタくんに、はじめて負《ま》けてしまったよ。

✕バイオリンは、まだぼくよりずっとへたなくせに！
✕どうせぼくなんかダメなおにいちゃんなんだ……

べつの話《はなし》をもち出《だ》したり、むやみに自分《じぶん》をせめたりしても、いやな気《き》もちがふくらむばかりだね。

じょうずな怒《おこ》りかた　その1

○ジメタに負《ま》けるなんて
ぼくはすごくくやしい！
ぼくはずっと
おにいちゃんに
勝《か》ちたかったんだ！

すなおな気《き》もちを伝《つた》えたら、弟《おとうと》のかくれた気《き》もちも知《し》ることができたよ。

じょうずな怒《おこ》りかた　その2

怒《いか》りやくやしさは、受《う》け止《と》めかたしだいで、自分《じぶん》を成《せい》長《ちょう》させるエネルギーに変《か》えることができるよ。

○たくさん練習《れんしゅう》して
来年《らいねん》はぜったい勝《か》つっ！
じゃあ、ぼくは
もっともっと
練習《れんしゅう》するぞ！

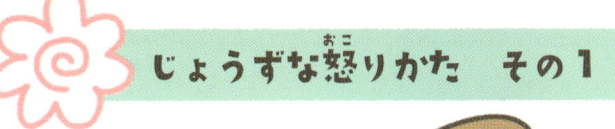

ケース 2

親友《しんゆう》の転校《てんこう》を朝礼《ちょうれい》で知《し》らされた……そんな話《はなし》、少《すこ》しも聞《き》いていない！

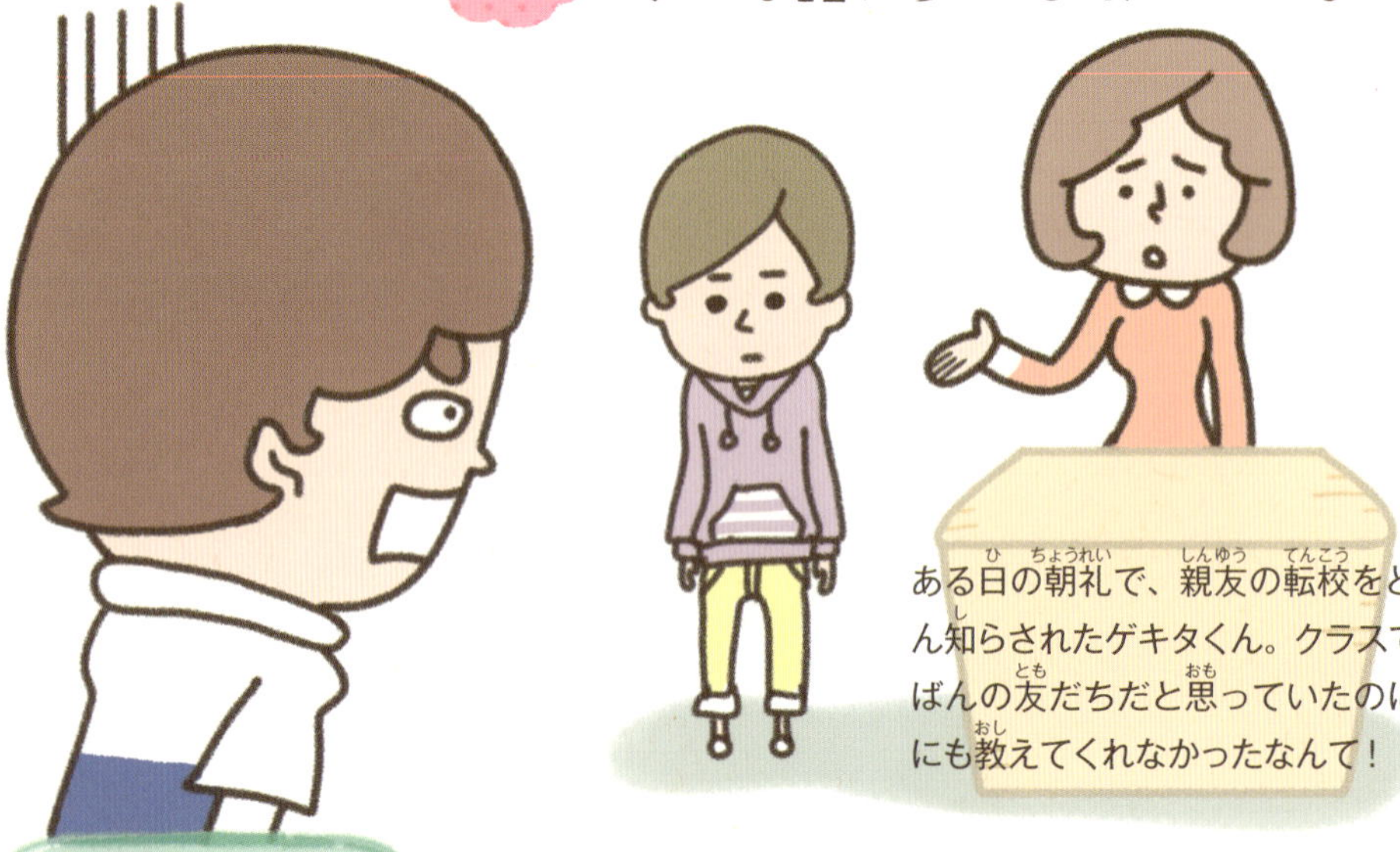

ある日《ひ》の朝礼《ちょうれい》で、親友《しんゆう》の転校《てんこう》をとつぜん知《し》らされたゲキタくん。クラスでいちばんの友《とも》だちだと思《おも》っていたのに、なにも教《おし》えてくれなかったなんて！

✕なんでひと言《こと》も話《はな》してくれなかったの？
✕ないしょにしていたなんてひどいよ！

「なんで？」と問《と》いつめたり、一方《いっぽう》的《てき》にせめてしまうのは、マナーいはんだったよね。友《とも》だちはなにもいえなくなってしまったよ。

じょうずな怒《おこ》りかた　その1

○
〇〇くんから直接《ちょくせつ》
おしえてもらえなくて
悲《かな》しいよ
ゲキタくんは
悲《かな》しんでくれると思《おも》ったから
いえなかったんだ……ごめんね

怒《いか》りの奥《おく》にかくれていた「悲《かな》しい」という気《き》もちを伝《つた》えたら、友《とも》だちも、自分《じぶん》の気《き》もちを教《おし》えてくれたよ。

じょうずな怒《おこ》りかた　その2

○
〇〇くんと
会《あ》えなくなるなんて
ぼく、さみしいよ
ぼくもさみしいけど
たくさん手紙《てがみ》を送《おく》るね

さみしさがつのって、怒《いか》りになってしまったことを正直《しょうじき》に伝《つた》えたら、友《とも》だちは、手紙《てがみ》を送《おく》るといってくれたんだ。

ケース3 楽《たの》しみにしていた遊園地《ゆうえんち》にお父《とう》さんのつごうで行《い》けなくなった！

お父《とう》さんといっしょに遊園地《ゆうえんち》へ行《い》くのを楽《たの》しみにしていたキレミちゃん。でもその日《ひ》の朝《あさ》になって、お父《とう》さんが「仕《し》事《ごと》で行《い》けなくなった」といってきたんだ。

怒《いか》りをばくはつさせて、お父《とう》さんをせめてしまったキレミちゃん。買《か》ってもらったおもちゃをこわしてしまったよ。これはレッドカード！ルールいはんだね。

じょうずな怒《おこ》りかた

〇わたし、もっとお父《とう》さんといっしょにあそびたいよ！今日《きょう》はすごく残念《ざんねん》
夜《よる》は早《はや》く帰《かえ》ってくるからいっしょにあそぼう！

怒《いか》りをことばにして、落《お》ちついて伝《つた》えたら、お父《とう》さんは、あそぶ時間《じかん》をつくると約束《やくそく》してくれたよ。

　じょうずな怒《おこ》りかたについて、よくわかったかな？　すごくむずかしいよね。

　でも、だいじょうぶ！　きみは「怒《いか》りはコントロールできる」という、とてもたいせつなことを知《し》ったんだから。

　きみはきっと、怒《いか》りがこみあげてしまう場面《ばめん》に、これから何度《なんど》も出会《であ》うよね。そのぜんぶが、自分《じぶん》をみがくチャンス！　たくさん練《れん》習《しゅう》して、少《すこ》しずつじょうずになっていこう。

みんな、どうだった？
怒《いか》りとじょうずに
つきあえるようになったかな？

わたし もうむやみに 怒《おこ》らない！
よくわかった けど……
ためして みないとね

毎日生活《まいにちせいかつ》しているといろんなことがあるよね。ときには、思《おも》わず怒《おこ》りたくなるようなできごともきみのまわりでおこるはず。

1 2 3 4 5 6
6までかぞえるあいだに
怒《おこ》っちゃった！

怒《いか》りにふりまわされないように
気《き》をつけていても、
うまくできないことだって
あるよね。
でも、きみはまだ練習《れんしゅう》のとちゅう。
同《おな》じようなことがおこったときに、
この本《ほん》で学《まな》んだ
怒《いか》りとじょうずにつきあう方法《ほうほう》を
何度《なんど》もためしていけばいいよ。

怒《いか》りレベルは
まだ4だ……！

きみたちなら、
きっとだいじょうぶ。
アンガーくんとなかよくね。

おわりに

この本《ほん》を読《よ》んでくれたみなさんは、どんな感想《かんそう》をもつでしょうか？　「怒《いか》りって、いろんな感情《かんじょう》から生《う》まれたものだったんだ！」「キレミちゃんのイライラ、よくわかる！」と思《おも》った人《ひと》もいるでしょう。「6秒《びょう》かぞえるだけで本当《ほんとう》に怒《いか》りがしずまるのかな？」「怒《いか》りのコントロールなんて、自信《じしん》がないな……」と感《かん》じた人《ひと》もいるかもしれません。

人《ひと》はそれぞれちがっています。同《おな》じこころをもった人《ひと》は1人《ひとり》もいません。だから、すべての方法《ほうほう》がみなさんにとっての正解《せいかい》とはかぎりません。ぜひ自分《じぶん》に合《あ》った「怒《いか》りとのじょうずなつきあいかた」を見《み》つけてください。この本《ほん》で学《まな》んだことを、自分《じぶん》なりにアレンジするのもいいですね。

怒《いか》りをはじめ、自分《じぶん》の感情《かんじょう》と向《む》きあい、それをしっかり見《み》つめるということは、とてもたいへんなことです。おとなだってかんたんではないことにチャレンジしているのだから、みなさんはすばらしいです。だから、もし怒《いか》りとじょうずにつきあうことができないときがあっても、落《お》ちこんだり、自分《じぶん》にがっかりしたりする必要《ひつよう》はありません。けっしてあせらず、少《すこ》しずつ進《すす》んでいきましょう。

　世《よ》の中《なか》でたいせつなことの多《おお》くは、こころが落《お》ちついていないとわかりません。怒《いか》りにふりまわされない落《お》ちついたこころを保《たも》てれば、相手《あいて》への思《おも》いやりが生《う》まれ、自分《じぶん》に自信《じしん》をもつこともできます。どうかそんなふうに、自分《じぶん》をみがいていってください！

名《な》越《こし》康《やす》文《ふみ》

●監修者紹介●

名越康文（なこし・やすふみ）

1960年、奈良県生まれ。精神科医。相愛大学、高野山大学客員教授。
専門は思春期精神医学、精神療法。
臨床に携わる一方で、テレビ、ラジオ、雑誌などのメディアで活躍中。

●おもな参考文献●

『アンガーマネジメント 怒りやすい子の育て方』（かんき出版）／『アンガーマネジメント 怒らない伝え方』（かんき出版）／『「怒り」がスーッと消える本』（大和出版）／『「怒り」の上手な伝え方』（すばる舎）／『イラスト版 子どものアンガーマネジメント』（合同出版）／『ADHDの人のためのアンガーマネジメント』（講談社）／『怒らない技術』『怒らない技術２』（フォレスト出版）／『キレやすい子の理解と対応』（ほんの森出版）／『自分を支える心の技法』（医学書院）／『図解 アンガーマネジメント』（かんき出版）／『だいじょうぶ 自分でできる怒りの消火法ワークブック』（明石書店）／『ワークブック おこりんぼうさんとつきあう25の方法』（明石書店）

イラスト●オブチミホ

デザイン●福田功（imagejack）

編集協力●小菅由美子／中島泰司（ユークラフト）／丹野由夏

企画・編集●日本図書センター

学校《がっこう》では教《おし》えてくれない ピカピカ 自分《じぶん》みがき術《じゅつ》
もうふりまわされない！ 怒《いか》り・イライラ

2017年4月25日　初版第1刷発行

監修者　名越康文
発行者　高野総太
発行所　株式会社 日本図書センター
〒112-0012 東京都文京区大塚3-8-2
電話　営業部　03-3947-9387
　　　出版部　03-3945-6448
http://www.nihontosho.co.jp
印刷・製本　図書印刷 株式会社

ISBN978-4-284-20403-3